HOMMAGE
A MAURICE GENEVOIX

Cet hommage à Maurice Genevoix
achevé d'imprimer en janvier 1981
sur les Presses de l'Imprimerie Berger-Levrault à Nancy
a été tiré à 2 000 exemplaires
dont 150 exemplaires sur papier de luxe
numérotés de 1 à 150
et 26 exemplaires de A à Z
constituant l'édition originale.

ISBN-2-901186-06-8 édition de luxe
ISBN-2-901186-07-6 édition ordinaire

COMITÉ NATIONAL DU SOUVENIR DE VERDUN

ASSOCIATION NATIONALE
POUR LE SOUVENIR DE LA BATAILLE DE VERDUN
ET LA SAUVEGARDE DE SES HAUTS LIEUX

UNE JEUNESSE ÉCLATÉE
de La Vaux-Marie aux Éparges

août 1914   avril 1915

HOMMAGE
A
MAURICE GENEVOIX

ÉDITIONS DU MÉMORIAL
(Collection VERDUN TRAIT d'UNION)

« Il n'y a pas de mort. Je peux fermer les yeux, j'aurai mon paradis dans les cœurs qui se souviendront. »

Maurice GENEVOIX

Cet hommage à Maurice Genevoix a été réalisé par
Gérard CANINI,
agrégé de l'Université,
Membre du Conseil d'Administration de l'Association
Nationale pour le Souvenir de la Bataille de
Verdun, en accord avec le Comité national du
Souvenir de Verdun qui en assure l'édition.
Notre gratitude va à tous ceux qui ont bien voulu
collaborer à cette réalisation et particulièrement
au Colonel Rodier Directeur
du Mémorial de Verdun et à
son personnel.

I

INTRODUCTION

« La nuit descend
on y pressent
un long un long destin de sang »

Apollinaire

Cet hommage consacré à Genevoix n'est pas une étude dans le sens où l'on l'entend habituellement. On trouvera surtout ici l'expression d'une profonde — et oserons-nous ajouter — affectueuse admiration et d'une déférente gratitude envers l'homme, l'ancien des Eparges dont toute l'existence, depuis les jours de feu d'août 1914, a été marquée de l'épreuve de la mort, de la souffrance et de la fraternité inachevée par l'hécatombe de ses jeunes camarades disparus alors qu'ils étaient débordants de vie et d'énergie. « On vous a tués et c'est le plus grand des crimes » écrit-il dans Ceux de 14. *De ces épreuves il a fait surgir ce qui précisément nous fait davantage homme : ce par quoi on échappe à la mort et on rejoint l'éternité de notre destin : l'œuvre d'art.*

D'autres — plus qualifiés et davantage spécialistes — préciseront, analyseront, étudieront, l'extraordinaire richesse de l'œuvre de Maurice Genevoix. Nous sommes une multitude à avoir découvert les enchantements de la langue française dans sa parfaite adéquation avec l'objet décrit ou suggéré à travers les textes de Genevoix. Cette attention soutenue aux hommes, et ce goût profond de la nature, cette sensibilité secrète envers le règne animal sont d'une âme frémissante et exceptionnelle.

De Rabiolot *à* Trente mille jours *la ligne est droite; et il faudra, plus tard, expliquer la clarté de cet itinéraire qui va des bords de la Loire aux Éparges en passant par la Khâgne de Lakanal et la turne rue d'Ulm pour revenir aux rives de ce Val dont il avait saisi — après Rabelais, du Bellay, Balzac et tant d'autres — l'enchantement lumineux, source de sérénité et d'épanouissement profond. Il faudra dire la souriante simplicité de ce parcours, de toute une vie (il n'est pas jusqu'aux honneurs académiques où Genevoix n'ait surtout vu l'occasion de contacts enrichissants grâce à la fréquentation d'esprits si divers et si complémentaires). Homme simple combien Genevoix l'était. Et c'est cette simplicité qui nous autorise à risquer*

12

cet hommage où il n'y a qu'une parcelle de ce que nous eussions désiré exprimer.

Ce travail paraît sous les auspices du Comité national du Souvenir de Verdun dont Maurice Genevoix fut le président fondateur et de l'Association nationale du Souvenir de la Bataille de Verdun. Il est logique que dans cet esprit nous nous limitions à évoquer Ceux de 14, *chef-d'œuvre issu de la connaissance douloureuse de la guerre. On lira ce que Jean Norton-Cru, sourcilleux dépisteur de récits douteux sur l'expérience vécue du combattant, dit de Genevoix : il le place au premier rang et au plus élevé parmi les témoins de ce drame.*

Mais entendons-nous. Il ne s'agit pas de dire que Ceux de 14 *sont un livre de guerre. C'est cela mais c'est bien autre chose qui engage la réflexion sur le destin des hommes et les crises des civilisations. Avons-nous bien remarqué que dans cet ouvrage de plus de 600 pages il n'y a pas un seul mot de haine contre l'adversaire? De colère, certes, de fureur, oui; et qui n'éprouverait fureur et colère à la vue de ce gâchis de richesses humaines fauchées en herbe? Mais le sentiment profond qui anime ces pages c'est l'infinie pitié à l'égard des hommes qui souffrent et meurent. « Les hommes meurent et ils ne sont pas heureux » écrira plus tard Albert Camus dont le père, précisément, soldat du 3ᵉ zouaves devait tomber un soir de septembre à la bataille de la Marne.*

Ceux de 14 sont un chef-d'œuvre total. Si la trame en est la guerre, le sujet en est l'homme, objet éternel de l'observation des artistes. Et Ceux de 14 *sont une œuvre d'art. Tout y est. Le tissu social de cette armée en pantalon rouge, sa diversité et son unité, sa mentalité, sa grandeur ses faiblesses. Les provinces — avec leur parler, leur patois — y sont présentes et trahissent la diversité des recrutements d'une France d'avant 1914. Tout y est : l'indicible horreur de la souffrance et le devoir d'y participer sans faiblesse quand le destin national est engagé; la condamnation de la folie et de l'absurde et la lucide certitude que cela n'est pas près de finir. Tout y est : la bravoure jusqu'à l'ostentation de ces officiers de l'Armée de la « Revanche » (« l'Arche Sainte ») et leur infinie commisération devant le destin des hommes qui leur sont confiés. Comment ne pas réagir devant l'attitude d'un capitaine Maignan qui — aux Éparges — refuse de se coucher pour ne pas maculer de boue son impeccable tenue et tombera une balle en plein front? Absurde? Fou? certes, pour nous peut-être, mais pas pour celui qui avait cette attitude et qui était le signe de générations instruites pour en appeler de la défaite de 1870 et dont la règle morale était avant tout de payer d'exemple. Pas plus absurde en tout cas que la charge folle des Saint-Cyriens en casoar et gants blancs à Rossignol en août 1914; pas plus absurde que le sabre règlementaire avec lequel Genevoix entraîne sa section à l'assaut contre des mitrailleuses. Ces témoignages d'un temps nous paraissent parfois lointains alors qu'ils dégagent seulement — pour notre XXᵉ siècle finissant qui a connu les camps d'extermination — leur exacte leçon : l'acte d'un homme — pour atteindre sa totale signification — doit être accompli, la mort dût-elle être au bout du chemin, dans une totale liberté de choix. Tout est dans* Ceux de 14. *Comment ne pas être ému à la lecture de ce passage où un officier attentif faisant les cent pas sur la route de la Tranchée de Calonne, écoute la bouleversante confession d'un enfant de l'Assistance publique, réputé mauvais sujet, dont la pauvre existence de mal-aimé ne fut qu'injustice et malchance et qui ne trouve finalement qu'un capitaine pour écouter et comprendre le récit poignant de sa longue misère humaine.*

Et tout cela, toute cette foisonnante humanité évoquée dans un style incomparable de précision et de richesse, dans une étonnante sobriété de forme. Chez Genevoix le mot choisi est toujours le mot juste, ni trop fort, ni trop faible; le mot exact, savoureux ou sec, sonore ou plat, odorant ou nerveux, comme s'il les façonnait de sa terre natale mêlée aux eaux de Loire; et les mots qui bâtissent le récit des Éparges sont en plus liés du sang des martyres.

Mettons qu'au-delà de la reconnaissance que nous avons pour notre ami Maurice Genevoix, cet Hommage soit aussi une invitation à pénétrer dans l'univers de Ceux de 14.

**

Le général de Clarens, président du Comité national du Souvenir de Verdun, Roger Loiseau, secrétaire général, diront ce que le souvenir des Anciens doit au rescapé des Éparges et leur amitié pour lui. Madame Maurice Genevoix a bien voulu mettre à notre disposition les Carnets *inédits de Maurice Genevoix et deux précieuses photographies. Nous publions ces clichés et des extraits de ces notes où déjà se font jour la pensée et la sensibilité du soldat, du témoin de la misère mais également des pauvres joies d'un moment de ses frères de combat autour desquelles il va construire* Ceux de 14. *Que Madame Maurice Genevoix trouve ici l'expression de notre profonde gratitude. Le professeur Riegel, dont les travaux sur la littérature et la guerre font autorité, apporte ici sa réflexion sur l'individualisme et l'esprit de groupe dans* Ceux de 14 *tandis que Jacques Chabannes président des écrivains combattants évoque l'enfance de l'auteur. L'équipe de l'Association nationale du Souvenir de la Bataille de Verdun analyse l'approche de la guerre, l'attaque du 25 avril où Genevoix fut blessé et la publication d'extraits des* Carnets *inédits du lieutenant Maurice Genevoix, (Gérard Canini), le combat d'infanterie (général Fallon) et la souffrance des blessés (Docteur Gaudiot) et notre collègue Jean-Claude Gillet nous donne ses réflexions sur la structure du langage mis en œuvre* *dans* Ceux de 14. *Un ensemble d'illustrations et de photocopies (inédites et originales) un recueil de textes, inciteront peut-être nos lecteurs à reprendre l'itinéraire de Maurice Genevoix sur les Hauts de Meuse où il a entendu les derniers cris de supplicié de l'agonie d'Alain Fournier (disparu à quelques centaines de mètres où Genevoix fut lui-même grièvement blessé) et où il a vu tomber les vagues d'infanterie où combattait Louis Pergaud. Est-ce un hasard? Est-ce une consolation de savoir que le destin a réuni dans cette futaie meusienne ces trois hommes familiers des forêts de l'Orléanais de Sologne, de Franche-Comté? Quelles réflexions peut nous inspirer cette communion dans l'épreuve du créateur du* Grand Meaulnes *celui de* Goupil à Margot *avec le futur auteur de* Raboliot *et de la* Dernière harde?*

Ils sont venus souffrir — et pour deux d'entre eux mourir — à quelques pas les uns des autres, sous les futaies séculaires de la Calonne et des Woëvres, chênes blessés eux-mêmes dont le survivant conservera à jamais la cicatrice sans cesse ouverte.

Ceci encore — et qu'on ne s'y trompe pas. Ceux de 14 *sont, certes, un témoignage sur l'homme engagé dans l'épreuve mais à ce titre c'est aussi un livre où éclate un amour profond de la vie car elle est sans cesse confrontée à la réalité charnelle de la mort.*

On a dit enfin que Genevoix n'était pas un écrivain social Qu'est-ce à dire? Pas « social » — je veux dire pas fasciné par les hommes Genevoix? Alors qui le serait s'il ne l'est pas? A-t-on bien lu ce qu'il dit de son fidèle Pannechon? des sous-officiers Souesme, Liège? de son ami Porchon? Et des autres? Des dizaines d'autres qui se pressent autour de lui dans l'ombre historique des « guitounes » des Éparges éclatées d'obus?

Des hommes brisés dans leur âme et leur chair se sont retrouvés dans Ceux de 14. *Cela seul suffirait à assurer la pérennité de l'œuvre de Maurice Genevoix, lieutenant d'infanterie blessé grièvement en forêt des Éparges le 25 avril 1915, mort le 8 septembre 1980, le soixante-quatrième anniversaire de son entrée dans la souffrance de la guerre.*

Gérard CANINI

II

LES JOURS
ET
LES RENCONTRES

Maurice Genevoix [1]

6e C. A.; 12e D. I.; 24e brigade; 106e R. I.

Né à Decize, Nièvre, le 29 novembre 1890 (ne pas confondre avec Gustave Genevoix, romancier, né en 1847, capitaine au 209e territorial, tué en Champagne, à 68 ans, le 19 octobre 1915). Élève au lycée d'Orléans, puis au lycée Lakanal. Service militaire en 1911-1912 au 106e de Châlons. Élève de l'École normale supérieure de 1912 à 1914. Licencié ès lettres, il écrivit pour le diplôme d'études supérieures un mémoire *Sur le réalisme des romans de Maupassant*, 1914. Il avait encore une année d'études à faire à l'École avant l'agrégation lorsque la guerre survint. Mobilisé comme sous-lieutenant au 106e R. I., arrivé au front en renfort le 25 août 1914. Il participe à la fin de la retraite, de Montfaucon à Condé-en-Barrois, à la bataille de la Marne vers Sommaisne, La Vaux-Marie et Rembercourt, à la marche en avant sur Verdun, Louvemont, bois d'Haumont. Le 21 septembre sa division est envoyée à la Tranchée de Calonne pour contenir la ruée vers Saint-Mihiel. Après le combat du 24 septembre, le 106e tient les lignes au bois Loclont et au bois de Saint-Remy, puis dès la mi-octobre se fixe aux Éparges, au pied et sur les flancs nord de la butte. Le 17 février 1915 l'attaque de la butte des Éparges commence pour durer jusqu'en avril. Genevoix, chef de section à la 7e compagnie, est promu lieutenant en fin février et commandant de la 5e compagnie. Le 24 avril son bataillon au repos est alerté et envoyé vers le sud de la Tranchée de Calonne où nos lignes viennent d'être enfoncées. Au combat du 25 avril 1915 Genevoix fut atteint de trois balles. Évacué sur l'hôpital de Verdun, puis sur l'arrière; après 16 mois d'hôpital et de convalescence il est réformé No 1 à 70% d'invalidité. Volontairement il reprit du service à la Fraternité franco-américaine (Fatherless children of France) jusqu'à l'armistice. Renonçant à sa carrière dans l'enseignement, il s'est établi à Châteauneuf-sur-Loire où il vit en homme de lettres indépendant, fréquentant peu la capitale. C'est la guerre qui a fait de lui un homme de lettres, comme Paul Cazin. Ses œuvres sont : *Sous Verdun*, mars 1916; *Nuits de guerre*, décembre 1916; *Au seuil.des guitounes*, septembre 1918; *Jeanne Robelin*, roman, mars 1920; *La boue*, février 1921; *Rémy des Rauches*, roman, juin 1922; *Les Éparges*, septembre 1923; *La joie*, roman, mars 1924; *Euthymos, vainqueur olympique*, roman, juin 1924; *Raboliot*, roman (prix Goncourt), décembre 1925; *La boîte à pêche*, roman, 1926; *Les Mains vides*, 1928, Grasset. *Cyrille*, 1929. Toutes ces œuvres ont paru chez Flammarion.

Séjour au front : 8 mois.

Age : 24 ans.

12ᵉ D. I. - 23ᵉ brigade : 54ᵉ R. I., Compiègne
67ᵉ R. I., Soissons
24ᵉ brigade : 106ᵉ R. I., Châlons-sur-Marne
132ᵉ R. I., Reims
3ᵉ Gr., 25ᵉ R. A. C., Châlons-sur-Marne
1ᵉʳ escadron 12ᵉ Chasseurs, Sézanne (à partir de janvier 1917)
Le 1ᵉʳ janvier 1917, I. D. : 54ᵉ, 67ᵉ, 350ᵉ R. I.
(Le 106ᵉ et le 132ᵉ R. I. passent à la 56ᵉ D. I.)
Mobilisation : Général Souchier
17 septembre 1914 : Général Herr
15 novembre 1914 : Général Paulinier
24 juillet 1915 : Général Gramat
23 mai 1916 : Général Girodon
23 septembre 1916 : Général Brissaud-Desmaillets
19 avril 1917 : Général Penet
10 juin 1918 : Général Chabord

Genevoix a publié de 1916 à 1923 cinq livres de guerre, rédigés d'après son carnet de route de 8 mois (25 août 1914-25 avril 1915) :

I. **Sous Verdun**, paru en avril 1916 chez Hachette dans la collection *Mémoires et récits de Guerre* après avoir été publié en partie dans la *Revue de Paris* du 15 avril. Préface de 11 pages par Ernest Lavisse, remarquable. Le texte occupe 269 pages à 31 lignes. La censure a dû en être faite par un incompétent car les suppressions qui portent sur 32 pages atteignent la valeur de plus de 9 pages pleines et les passages incriminés sont certes bien innocents. Mais ils sont aussi très caractéristiques et comme *Sous Verdun* fut un des ouvrages considérés pour le prix Goncourt de 1916, il n'est pas impossible que ces mutilations aient nui à l'impression produite et qu'elles aient coûté à l'auteur le prix qu'il méritait plus que tout autre. On peut supputer les conséquences qu'aurait eues l'attribution du prix à Genevoix. C'eût été encourager les auteurs à peindre la guerre d'après nature plutôt que par des fictions d'un réalisme faux. En janvier 1925 une nouvelle édition de *Sous Verdun* (28e mille) parut chez Flammarion; tous les passages supprimés s'y trouvent rétablis en italiques. En outre l'auteur a mis des noms de personnes conformes à ceux de ses autres livres à la place des initiales ou même là où il n'y avait rien. Cette édition a 266 pages à 31 lignes. La période racontée, du 25 août au 4 octobre 1914, compte 41 jours. Dans ce journal aucun jour n'est omis. Nous indiquerons les citations d'après l'édition complète, celle de Flammarion.

Références : Lorenz 28 : 225; Vic 1 : 234; Revue Historique 123 : 360; Revue Critique 83 : 140; Mercure 116 : 356 et 181 : 552.

II. Nuits de guerre, paru en décembre 1916 chez Flammarion. Le texte occupe 308 pages à 29 lignes. La période racontée, du 5 au 19 octobre 1914, compte 15 jours. Aucun jour n'est omis. Références : Lorenz 28 : 225; Vic 3 : 202; Mercure 123 : 726.

III. Au seuil des guitounes, paru en septembre 1918 chez Flammarion. Le texte occupe 276 pages à 31 lignes. La période racontée, du 20 octobre au 3 novembre 1914, compte 15 jours. Références : Lorenz 28 : 225; Vic 3 : 202; Mercure 131 : 334.

IV. La boue, paru en février 1921 chez Flammarion. Le texte occupe 269 pages à 28 lignes. La période racontée, du 4 novembre 1914 au 10 janvier 1915, compte 69 jours. Référence : Lorenz 29 : 418.

V. Les Éparges, paru en septembre 1923 chez Flammarion. Le texte occupe 281 pages à 37 lignes. La période racontée, du 11 janvier au 25 avril 1915, compte 104 jours. Références : Bibliographie de la France, 1923, p. 81; Mercure 168 : 265.

Ces 5 volumes ne sont pas 5 œuvres différentes : ils sont à proprement parler les 5 tomes d'une même œuvre : la transcription et le développement du carnet de l'auteur. C'est si vrai qu'il n'y a aucune séparation entre les 5 sections, la journée du 5 octobre, commencée à la fin du tome I, s'achève au tome II; la journée du 20 octobre se partage entre les tomes II et III; celle du 11 janvier, entre les tomes IV et V. Comme journal, c'est l'exemple le plus parfait du jour par jour détaillé et pour ainsi dire sans omissions. Les tomes I et II donnent chaque jour séparément sans aucune omission. A partir du tome III l'auteur donne tantôt chaque jour séparé, tantôt un groupe de 2 ou 3 jours passés soit au repos, soit en soutien, soit aux tranchées. Mais j'ai pu rétablir les dates séparément car le récit n'est jamais vague au point de vue chronologique et l'on distingue le soir et le matin. Le tome III omet le

1ᵉʳ et le 3 novembre; le tome IV omet les 7, 9, 30 novembre, les 14, 15, 18, 19, 23, 24, décembre et le 4 janvier, soit 10 jours sur 69; le tome V omet les 13, 14, 27, 30, 31 janvier, les 1ᵉʳ, 10, 11 février, les 24, 25, 26, 27, 28 mars et les 2, 3 avril, soit 15 jours sur 104. Les périodes ou journées importantes sont décrites en détail : 62 pages pour les 7 jours de la Marne, 30 pages pour la seule journée du 24 septembre, 96 pages pour la première période d'attaque des Éparges (5 jours). Ces 5 tomes constituent le récit de guerre le plus étendu de tous ceux que nous ont donnés les témoins de cette guerre, et comme il ne couvre qu'une période de 8 mois, c'est aussi le récit le plus détaillé, celui qui a le moins de lacunes. Par son étendue il ne peut guère se comparer qu'aux *Mémoires* de Marbot qui racontent 16 années et donnent une moyenne d'à peu près 6 pages par mois, ce que Genevoix donne pour un jour. Les 3 in-8 de Marbot contiennent 43 200 lignes, les 5 tomes de Genevoix 43 600. Il y aurait encore à faire valoir le contraste entre les récits enjolivés, souvent créés de toutes pièces de Marbot et l'exactitude scrupuleuse de Genevoix que j'ai vérifiée par un ensemble de moyens qui, appliqués à d'autres auteurs de cette guerre, parfois fort estimés, ont réduit à néant la valeur de leur témoignage.

Jean NORTON-CRU

*
**

1. Cette biographie de guerre est extraite du livre fondamental de Jean NORTON-CRU *TÉMOINS.* LES ÉTINCELLES 1929, 728 pages, à l'article Genevoix pages 142-154. Nous donnons plus loin la suite de cet article.
Les références des tomes et des nombres de pages que donne Norton-Cru se réfèrent évidemment aux éditions dont il donne les dates de publication. Il faut désormais se reporter à l'édition définitive que Genevoix a donné de ses cinq livres de guerre. Il les a regroupés en un seul volume de 672 partagé en 4 livres :
- *Sous Verdun, Nuits de guerre, La Boue, Les Éparges,* sous le titre général de *Ceux de Verdun.* Flammarion 1950.

L'enfance et la jeunesse de Maurice Genevoix

par Jacques CHABANNES
Président de l'Association Nationale des Ecrivains Combattants

Au temps des guerres de religions et de la persécution des Protestants, les Catholiques, sur ordre de Calvin, subirent le même sort en Suisse. C'est ainsi qu'un habitant de Genève, décidé à rester catholique, émigra du lac Léman et devint « Le Genevoix ».

Il semble que la première étape des Genevoix fut l'Ile-de-France : « Mon arrière-grand-père Léonard Genevoix eut trois fils d'un premier lit, un quatrième en secondes noces. Tous les quatre furent pharmaciens. »

Il y eut même un écrivain : Emile Genevoix, maire de Romainville, député de Paris, écrivit les *Rimes de l'officine*, recueil d'impromptus et d'élocutions.

Son frère Charles, pharmacien rue des Lombards, était le grand-père de Maurice Genevoix.

Et voici l'émigration vers les bords de la Loire : une de ses sœurs ayant épousé un médecin de Châteauneuf, il y connut sa femme et s'y maria.

Le grand-père maternel, épicier en gros, répartissait, chez les détaillants du village, les pains de sucre, les pruneaux et les balles de café.

Maurice Genevoix est né à Decize, ville du département de la Nièvre « d'où venait le beau fleuve éternellement glissant ». Mais c'est beaucoup plus bas, aux environs d'Orléans, à Châteauneuf-sur-Loire, que Maurice Genevoix passa son enfance. Son père y dirigeait un magasin carrelé de briques, « avec une cage vitrée à l'intérieur, où travaillait le chef comptable des magasiniers ». On groupait les marchandises avant de les charger sur les camions attelés de deux percherons. Ces enfilades, ces alvéoles, ces rampes inclinées, ces murailles de sacs et de caisses, ces caves voûtées, « c'était le royaume des odeurs ».

Maurice Genevoix n'oubliera jamais les lourds chevaux tirant un camion de deux tonnes, les uns noirs comme l'ébène, d'autres d'un roux ardent, d'autres pommelés comme un ciel d'avril.

A vingt-deux mois, Maurice Genevoix entre à l'école maternelle qu'on appelait alors « l'asile » : Nous sentions germer en nous un patriotisme communal dont la chaleur nous faisait solidaires.

La vie familiale est très douce à Châteauneuf. La mère de Maurice est la gaieté même. Dans la maison familiale, il fait froid l'hiver, sauf dans une pièce, la cuisine où feu de bois et boulets de charbon brûlent dans une grille : « On se rôtissait le bout du nez, la plante des pieds, les paumes en cédant à l'appel du feu ».

A six ans, Maurice entre à la grande école. L'instituteur a la torgnole prompte, tantôt la simple gifle, tantôt l'honorable fessée, tantôt le coup de règle sur les doigts joints.

Le petit Maurice apprend facilement l'orthographe, l'arithmétique et (déjà) s'intéresse à l'histoire.

On était gais dans les petites villes : Tous les deux ans, l'épicière lançait une loterie avec des billets à deux sous. Le gros lot était une poupée. Les fêtes annuelles se succédaient. Le dimanche gras, la distribution des prix le 14 juillet, la vendange. Le veau, nourriture de luxe, était la pièce maîtresse de ces festivités.

Maurice Genevoix écrira plus tard dans *Jeux de glaces* « Je tiens plus que jamais comme un grand privilège, d'avoir passé toute mon enfance dans une petite ville française d'avant 1914 ».

La vie sociale, un peu repliée sur elle-même, s'intégrait d'un mouvement naturel et profond « à un ensemble très ancien, très vénérable et très précieux qui s'appelait la civilisation française ».

En grandissant, il faut quitter le village natal : Maurice est pensionnaire au lycée d'Orléans. C'est là; en 1903, qu'il apprend la mort de sa mère et mesure la douleur humaine.

Interne il souffre de la discipline sévère et aussi de la vie quotidienne dans la salle d'études, où le poêle, sifflant comme un nez enrhumé « brûle un charbon gras et puant sous la lueur des lampes à gaz verdies par les abat-jour de tôle peinte ».

Est-il besoin de dire que Maurice Genevoix est un élève brillant? Monsieur Genevoix décide de faire poursuivre les études à ce fils brillant. C'est la Khâgne au lycée Lakanal : « Un parc où nous pouvions fumer la pipe, une famille de daims, comme nous, captifs dans un enclos ».

Maurice est reçu à l'École normale supérieure de la rue d'Ulm : « L'école avec ses libres rencontres, ses libres choix, son abondance, ses contrastes d'individu à individu, prolongeait sur un plan différent, les enchantements de ma prime jeunesse ».

Hélas, Maurice Genevoix n'aura pas le temps de passer son agrégation. Il faudra attendre l'après-guerre.

A vingt-quatre ans, il part le premier jour. On sait qu'il paiera très cher les cinq volumes qu'il a consacrés à la première guerre mondiale : « Cette énorme mêlée qui restait monstrueusement à mesure d'homme ».

Mutilé dans son corps, mutilé dans ses amitiés, il retrouvera avec ferveur les horizons de son enfance, la maison, le jardin, la forêt, les arbres, le beau fleuve, rien n'avait changé en son absence. Il sera le peintre du pays de Loire avec un admirable roman *Rémy des Rauches*, et, aussitôt après, avec *Raboliot* qui lui vaut le prix Goncourt en 1925.

Ses romans s'inspireront souvent des mœurs rustiques de l'Orléanais (*Marcheloup*). Il vivra en compagnie familière des animaux : *Tendre bestiaire*, *Bestiaire enchanté*, etc.

Tout au long de son œuvre considérable jusqu'à ces *Trente mille jours*, qui viennent de paraître et qui sont un pèlerinage le long de soi-même, le grand écrivain sera toujours fidèle à sa mission : l'enfance, les livres, les animaux et le bord de Loire. Sans doute, dès sa prime jeunesse, Maurice Genevoix était-il promis à sa merveilleuse destinée.

Mes premières rencontres avec Maurice Genevoix

par Roger LOISEAU
Secrétaire général du Comité National du Souvenir de Verdun.

J'ai rencontré pour la première fois Maurice Genevoix en 1975. Evidemment depuis très longtemps, depuis mon enfance, je connaissais son œuvre : j'avais tout particulièrement été passionné par la lecture de *Raboliot*. Le paysage décrit, les êtres qui évoluaient, le langage d'une richesse inhabituelle avec ses expressions issues du plus profond de notre terroir me ravissaient, moi qui par mon père était pour un quart Beauceron et pour un quart Berrichon et qui avait préparé certains oraux à l'ombre de Notre-Dame-de-Cléry à une lieue de la Loire.

Puis les circonstances m'amenèrent à conduire à Verdun Monsieur et Madame Genevoix en 1975 pour le premier Colloque international sur la Bataille de Verdun et en 1976 pour le 60e anniversaire du déclenchement de cette Bataille.

Ma première impression fut surtout la surprise. Mon visiteur était entré, je le savais, dans sa 85e année. Comment le croire en découvrant à mes côtés un vieillard, peut-être, mais surtout un être vif, primesautier, je dirais presque impétueux.

Respectueux du code de la route, je tentais, à Paris et dans la proche banlieue, d'observer la limitation de vitesse imposée, d'autant plus que j'avais la responsabilité de la sécurité d'un Secrétaire perpétuel honoraire de l'Académie française et de son épouse, si bien que j'étais constamment dépassé par des voitures qui très souvent me faisaient des « queues de poisson » et, par la vitre ouverte, sortaient de ma voiture des invectives, expression d'un langage très riche lui aussi, quoiqu'un peu surprenant dans la bouche d'un « Immortel ».

Mais quelques jours plus tard, lorsqu'à sa demande, je conduisis mon passager sur certains points du champ de bataille, aux Éparges notamment, je compris.

Je n'avais pas eu à côté de moi, à l'aller, un écrivain parvenu au faîte des honneurs, un homme blessé dans sa chair. Non, je conduisais un jeune lieutenant de complément, qui venait de sortir de l'École normale supérieure, et qui, mobilisé, partait vers son destin avec tout à la fois la curiosité et l'appréhension de celui qui était encore un adolescent et qui sentait que, désormais, rien ne serait plus comme avant et que commençait sa vie d'homme. Dernières manifestations de l'étudiant chahuteur avant la découverte du mystère de l'inconnu.

Aux Éparges, je n'avais plus avec moi le même homme. Certes mon compagnon était toujours physiquement aussi alerte, sa mémoire restait toujours aussi étonnante : toutefois il n'était plus en août 1914 mais à la fin de la même année et au début de 1915. Ce n'était plus la marche vers l'inconnu, mais le retour dans un présent vieux de soixante ans et où tous les souvenirs lui revenaient à l'esprit : à la lisière d'un bois, il revoyait les deux blessés français qui se traînaient, deux uhlans les apercevaient : qu'allait-il se passer; l'un des uhlans s'arrêtait, mettait pied à terre, pansait les blessés et, les soutenant, les aidait à s'étendre au pied d'un grand buisson. Car c'est celà, aussi, la guerre : un mélange d'atrocités collectives et de compassion individuelle.

Puis ce fut l'épisode du 24 septembre 1914, la balle allemande qui le frappait en plein ventre et qui, miraculeusement, ricochait sur un bouton qui se désintégrait en rayons dorés. Comme l'a raconté Maurice Genevoix, le choc avait déclenché en lui le processus psychologique qui fait défiler en quelques secondes l'image des événements importants de l'existence passée. Mais heureusement pour l'écrivain, et les lettres françaises, la balle n'avait pas pénétré et la blessure qui aurait pu être mortelle se réduisait à un choc.

Et ce furent tous ces entonnoirs des Éparges, envahis par les broussailles à cette époque-là, et pour chacun d'eux le souvenir des camarades disparus.

Ce jour-là, le printemps était de la fête. Au bord de ces sinistres entonnoirs apparaissaient des fleurs des champs. L'une en particulier, assez rare paraît-il, se dressait fièrement. On avait l'impression que la nature avait voulu revêtir un habit de cérémonie, afin de faire oublier à son chantre l'accueil hostile qu'elle lui avait réservé soixante ans plus tôt.

C'est ainsi que m'apparurent deux caractéristiques de celui qui était devenu mon guide : l'amour de la nature et la tendresse pour l'homme. Il ne put résister à l'appel muet de cette fleur qui s'offrait, comme pour faire pardonner le froid et la boue d'autrefois. « Suzanne, voudrais-tu me cueillir cette fleur » et Madame Genevoix la lui apporta avec d'infinies précautions.

Puis ce furent la visite de nombreux cimetières des villages voisins et l'évocation des frères d'armes qui y reposaient.

Et nous refîmes, en voiture, le trajet qui, en avril 1915, avait conduit de ce bois proche de la Tranchée de Calonne, jusqu'à la voiture d'ambulance le grand blessé Maurice Genevoix, qui devait attendre, à l'hôpital, durant plusieurs mois, la cicatrisation de ses blessures.

En cette belle journée j'avais compris deux choses : d'abord toute la différence qui peut exister entre la lecture d'un livre même aussi évocateur que *Ceux de 14* et la vivante et émouvante narration sur le terrain d'événements qu'il décrivait.

J'avais également compris ce qu'avait été la « boue » pour ceux de 14-18 et que le Comité national du Souvenir de Verdun devait impérativement débroussailler ce haut-lieu des Éparges afin que les générations futures pussent comprendre le prix que leurs anciens avaient payé pour sa défense.

« Quel ralliement des mémoires et des cœurs autour du Soldat de Verdun. Voici donc son Mémorial, celui des morts et celui des vivants, désormais inséparables. »

M. Genevoix

Maurice Genevoix
et le souvenir de Verdun

par le Général Guy de CLARENS
Président du Comité National du Souvenir de Verdun.

Quarante ans après la fin de la guerre 1914-1918, les Anciens Combattants qui se rendaient en pèlerinage à Verdun étaient profondément déçus.

Le paysage qu'ils découvraient ne ressemblait en rien au champ de bataille qu'ils avaient connu. Les tranchées, les boyaux, les trous d'obus, les forts eux-mêmes disparaissaient sous les broussailles. Le terrain, largement reboisé, présentait un aspect verdoyant et plein de vie là où ils n'avaient connu que la boue et la mort. Plusieurs des monuments qu'ils avaient élevés à la mémoire de leurs frères d'armes et qu'ils pensaient impérissables étaient dans un état d'abandon.

Les touristes qui s'efforçaient de comprendre le déroulement de la bataille ne pouvaient y parvenir.

Les jeunes en regardant ou parcourant le terrain ne pouvaient imaginer les combats et les souffrances de leurs aînés.

C'est alors que naquit, se développa, puis s'imposa la nécessité de redresser cette situation.

La tâche était considérable.

Il s'agissait de construire un « *Mémorial* », de rechercher les documents, les uniformes, les armes, les matériels utilisés aussi bien par les Français que par les Allemands, et qui étaient voués à une disparition progressive, de les acquérir, de les rassembler, de les présenter, d'assurer leur conservation.

Il s'agissait également à l'aide de cartes, puis d'un système audio-visuel, de retracer l'histoire de la bataille de manière à préparer la visite du champ de bataille.

Il s'agissait enfin, à la lumière d'études approfondies réalisées par d'éminentes personnalités et exposés au cours de Colloques Internationaux d'améliorer les connaissances sur les aspects stratégiques, tactiques, logistiques et humains de la bataille de Verdun.

Sur le terrain, il importait d'effectuer de multiples et importants travaux de débroussaillement, de dégager les abords des ouvrages, de tracer des sentiers permettant de parcourir le champ de bataille, d'aménager des aires de repos, d'implanter tout un ensemble de panneaux comportant les renseignements nécessaires. Maurice Genevoix, Président Fondateur du Comité National du Souvenir de Verdun, accepta de patronner ce projet.

Mobilisé en août 14, il avait combattu dans les rangs du 106e R. I. comme chef de section puis commandant de compagnie jusqu'au 25 avril 1915, date à laquelle il est grièvement blessé aux Éparges.

Au risque de choquer, je dirai que sa conduite au feu, pour exemplaire qu'elle soit, et sa blessure, en dépit de sa gravité, ont été le lot de bien d'autres soldats. Tous ensemble, ils ont en commun d'avoir appartenu à « ce monde du front, monde clos, isolé à un point dont les combattants seuls ont pu sentir la douloureuse réalité ». Ayant vécu cette dure épreuve, c'est en connaissance de cause que Maurice Genevoix peut parler des combattants, de leur vie au front, de leurs souffrances, de leurs sentiments.

Ce qui distingue Maurice Genevoix, c'est sa prodigieuse faculté d'observation, la manière avec laquelle il regarde tout ce qui l'entoure, le don qui lui fait si exactement décrire les hommes et analyser leurs pensées, la simplicité et la clarté du style avec lequel il restitue le décor et les événements.

La guerre l'a si profondément marqué dans son corps et dans son esprit qu'au lieu de s'arrêter vers la carrière universitaire à laquelle il semblait destiné, il considère comme une obligation d'exprimer ce qu'il a ressenti et c'est à la guerre qu'il consacre ses premiers livres.

Dès lors une vie nouvelle s'ouvre devant lui. Elle est jalonnée par une soixantaine d'ouvrages.

C'est aux Éparges que se situe leur origine.

Si la guerre est le thème de ses premiers livres, elle ne cessera d'être présente dans son œuvre, dans son esprit, dans ses propos.

Sa mémoire, si fidèle, n'a rien oublié. Son témoignage garde la fraîcheur des premiers jours. Le souvenir de Verdun, drame de sa vie, ne peut s'effacer. Il le peut d'autant moins qu'une terre abreuvée de tant de sang apparaît comme un lieu privilégié pour bâtir le plus beau des édifices, celui de la réconciliation et de la paix.

*
**

A la cérémonie d'inauguration du Mémorial, le 17 Septembre 1967 Maurice Genevoix devait dire notamment : « Ceux qui sont là autour de moi, devenus à présent de vieux hommes, restent aussi des survivants. Ce que cela veut dire ?... En cet instant, je vois encore des plaies qui saignent, de jeunes corps qui agonisent. J'entends encore, dans la nuit pluvieuse, leurs plaintes, leurs voix qui crient mon nom, qui m'appellent, car je les aimais bien et ils me le rendaient. Je sens encore dans ma chair même, pareil à tant d'entre nous, l'attention de leurs pas accordés tandis que sous les obus, au sifflement des balles pressées, debout, sans hâte, héroïques, ils m'emportent vers le poste de secours, vers le salut...
Ce Mémorial, pour vous les anciens, c'est aussi cela, n'est-il pas vrai? Tout homme, au long de son existence, lorsqu'il regarde autour de soi, devrait pouvoir dénombrer sur sa route les compagnons de sa jeunesse, avec lui mûrissant, vieillissant. C'est une des joies de la vie ici-bas, normales et bonnes. Nous autres, à peine sortis de l'adolescence, quand nous nous retournions ainsi, nous ne voyions que des fantômes. Mutilés dans notre corps, mutilés dans nos amitiés. Voilà la guerre. Désormais, derrière nous, il y aura ce Mémorial. Il est aussi, il est encore cela : il nous rend, avec notre passé commun, nos camarades toujours vivants,

« ... UNE NOTION DE L'HOMME ».

Nous vous le remettons, Monsieur le Ministre des Anciens Combattants; et, par vous, à notre pays; et, par lui aux centaines de milliers d'hommes et de femmes, nos semblables, qui viendront s'y recueillir. Jeunes et vieux, amis, ennemis réconciliés, puissent-ils emporter de ces lieux, au fond d'eux-mêmes, une notion de l'homme qui les soutienne et les assiste! Quel vivant n'en aurait besoin, en ces temps toujours incertains? Puisse la lumière qui va veiller ici les guider enfin vers la Paix! »

La cassure

par le Général de C.A. Henri de POUILLY

Président de la délégation de Verdun
de l'Association Nationale du Souvenir de la Bataille de Verdun.

Cette cassure qu'il ressentait à l'instant qu'on l'emportait — trois balles dans le corps, souffrant, mais déjà au-delà de sa propre souffrance physique — nous savons qu'elle lui était causée par l'intolérable sentiment qu'il quittait, qu'il abandonnait ceux qui restaient là-haut, sur le Piton des Éparges, dans les Bois Hauts. Emporté par des infirmiers déjà accoutumés à cette horreur qui déferle chaque jour, il essaie de s'expliquer, de parler, de dire à tous que s'il part c'est malgré lui... Malgré lui! Aura-t-on assez songé à cet homme dont la vie s'en va goutte à goutte à travers le caillot providentiel qui lui obture l'artère humérale, aura-t-on assez songé à ce que cet officier n'a qu'un souci : revoir encore une fois les autres, ceux qui continuent le combat là-haut sous les taillis de la Calonne, leur dire encore quelques mots, un adieu provisoire, une excuse balbutiée, une promesse de revenir reprendre sa place parmi ce cortège de ce qui n'est plus pour lui qu'une armée d'ombres.

Il parle. Il parle...

« Ne parlez plus. On va vous emmener (...) »

« Alors pourquoi me laisse-t-il? pourquoi cette hâte à me faire emmener? »

« Vous m'entendez Le Labousse? »

« Mais oui mon vieux, je vous entends ... Ne parlez plus (...) au revoir mon vieux... »« Lui aussi me renvoyait (...) »

Tous ces dialogues, hachés et tendus comme la fièvre qui ronge déjà le corps, sont comme autant de gestes désespérés pour retenir cette fraternité qui l'emporte et dont il craint d'être séparé. Injustice suprême. Il est blessé. Et il doit quitter les siens!

Les siens! Ses frères dans l'ordre de la misère et du sacrifice. Les a-t-il assez scrutés ces regards fiévreux et cernés d'hommes épuisés là-haut — dans l'enfer des entonnoirs des Éparges, — les a-t-il assez senti vibrer — chair contre chair — contre lui, blottis sous un lambeau dérisoire de toile de tente ces corps encore vivants qui n'étaient plus que des survivants provisoires... Les siens! Pas un instant il ne les oublia. Toute son œuvre est un monument éternel dressé à leur mémoire.

Et quand se fit jour l'idée de laisser aux générations futures un témoignage visuel où serait à la fois retracé la vérité du destin tragique de leur génération : « C'est le 2 août 1914 que je situe personnellement le point de rupture dont nous allions être plus que les initiateurs inconscients, les jouets et déjà les victimes. Longtemps après la guerre frappé par la réalité d'un oubli qu'accélérait de jour en jour la disparition des témoins (...) » (il écrit ceci dans *Trente mille jours*) on le vit à l'œuvre, constamment présent et constamment discret — avec cette pudeur qui lui était propre — pour faire aboutir ce grand projet qu'est le *Mémorial de Verdun*. Ce Président-fondateur du *Comité du Souvenir de Verdun* ne le fut que parce que des milliers d'hommes sacrifiés demandaient à l'un d'eux, blessé lui-même, ayant conservé dans ses yeux la vision du cauchemar, de témoigner en leur nom à tous. Il le fit. Avec la même rigueur, la même lucidité, la même générosité qui l'anima toujours quand il s'agissait du souvenir de ses camarades. Il est fascinant de constater que sitôt touché en ce jour de fureur du 25 avril 1915, sa pensée s'élève immédiatement vers l'enveloppement radieux de la nature, contrepoint nécessaire à ce cauchemar des hommes. Etendu, souffrant, il remarque : « Quel soleil à travers les feuilles! quel ruissellement de lumière. » Il rejoint l'éternelle interrogation de l'homme devant l'absurdité apparente de son destin. Ainsi le Prince André, dans « Guerre et Paix » au soir d'Austerlitz et blessé sur le champ de bataille interrogeait-il les étoiles qui — insensibles à la poussière humaine — commençaient de s'allumer sur un horizon de mort.

Genevoix n'a jamais voulu que tout ne soit que désespoir.

Saluons-le! Saluons sa mémoire. Il est le sel vivant de ce que le Comité National du Souvenir de Verdun accomplit chaque jour.

III

CEUX DE 14

« On vous a tués et c'est le plus grand des crimes. Vous avez donné votre vie et vous êtes les plus malheureux. Je ne sais que cela, les gestes que nous avons faits, votre souffrance et votre gaîté, les mots que nous disions, les visages que nous avions parmi les autres visages, et votre mort. »

M. Genevoix

Genèse d'une œuvre :
AUX SOURCES
DE « *CEUX DE 14* »

LES CARNETS inédits de Maurice GENEVOIX

Les « Carnets inédits » de Maurice Genevoix que nous avons eus entre les mains (1) se composent en fait de trois parties distinctes :

Le carnet de route proprement dit. Nommons le *Carnet I.* De format 8 X 12 cm recouvert d'une mince toile noire, il comprend 28 feuillets non paginés entièrement utilisés. Il couvre la période du mardi 25 août 1914 au lundi 1er février 1915 (2). Les trois derniers feuillets sont occupés par des notes diverses et des caricatures étonnantes de finesse et de précision où l'on peut reconnaître un portrait d'Anatole France, ainsi que deux tableaux d'effectifs de sections qu'il commanda et où on reconnaît les noms de ses personnages : Fannechon qui sera Pannechon, Petitfrère qui deviendra Petitbru, Bioret qu'il écrira Biloray, etc. Ce carnet a été rédigé à l'encre et au crayon mais l'auteur a repassé ensuite la plume sur le tracé au crayon.

Le deuxième carnet *(Carnet II)* est plus volumineux. Également recouvert de toile noire il est du format 10,5 X 16,5 cm. Les quatre premières pages ont été arrachées. Il comporte en tout 46 feuillets non paginés qui se décomposent ainsi :

— 37 feuillets rédigés entièrement,

— 8 feuillets — dont deux blancs — portent des notations diverses, quelques caricatures, un poème intitulé *Impromptu* et daté du 11 octobre à la nuit. Ce carnet s'ouvre sur les notations classiques d'un chef de section : ordre de bataille de la 27e compagnie de dépôt (106e R. I. à Châlons) ordres et instructions diverses, programme de reprise en main de ses hommes (lundi : évolution de la section au combat (...), mardi : marche, manœuvre, etc.) une liste de lectures qu'il compte probablement emporter dans ses cantines car on note parmi elles *Candide* qu'il relira aux Éparges (3).

Mais en réalité l'essentiel de ce *Carnet II* n'est rien d'autre — feuillets 4 à 37 — que le premier jet original de *Ceux de 14* qu'il intitulera d'abord *Toute la campagne d'un fantassin 25 août 1914-25 avril 1915* — et sous-titrera : *Dans la lutte. Août 1914-Avril 1915.* Une note précise d'ailleurs — lorsque le titre définitif *Sous Verdun* eut été trouvé — que toute « cette partie du manuscrit a été écrite sur le front dans les intervalles de repos. Les toutes dernières pages seulement à l'hôpital après blessures. La suite (sur feuillets détachés paginés de 1 à 69) au cours de ma convalescence à Châteauneuf (4) ». Le texte de ce manuscrit est écrit très serré, alternativement à l'encre et au crayon; mais l'écriture de Genevoix, admirablement fine et petite, est très lisible.

La troisième partie des *Carnets* se compose de pages séparées — écrites recto-verso d'un papier différent (format 10,5 X 14,5 cm) que nous appellerons *Feuillets.* Tout d'abord la copie traduite d'une lettre d'un officier allemand du 54e R. I. reprise dans un journal allemand. Ensuite deux séries de feuillets paginés de 1 à 10 et de 1 à 7, donc 17 au total, qui recouvrent la période du 28 août 1914 au 22 avril 1915. Ces notes — bien que d'une pagination différente — se recoupent parfois. Il semble bien qu'il ne s'agisse pas là d'un carnet ou d'un journal proprement dit mais d'une sorte de double d'une correspondance — ou de notes destinées à une correspondance — vraisemblablement adressée à son frère René et à son père. Il écrit en effet le 7 octobre 1914 : « Je t'écris en même temps qu'à papa... » Et aussi à Dupuy le directeur de l'École normale supérieure à qui le liait estime et amitié : « Lorsque la porte de ma cellule à l'Hôpital militaire de Verdun s'est ouverte un matin sur des visages tant attendus, Paul Dupuy accompagnait mon père. Depuis trois mois, tout au long des boucheries des Éparges tout ce que je devais épargner aux alarmes de l'un, c'est à l'autre que je l'écrivais. » (*Trente mille jours,* p. 180).

Mais ces notes ont un double intérêt majeur.

— En premier lieu le lieutenant Genevoix s'y livre plus entièrement; on y lit à la fois sa colère, ses tristesses, ses souffrances et l'affreuse solitude. A ce titre c'est un document exceptionnel sur ce que ressentait l'auteur engagé dans l'action.

— En second lieu ces textes constituent des matériaux probablement complétés par la correspondance où le créateur puisa pour nourrir l'œuvre d'art. Il suffira pour s'en convaincre de comparer les extraits des feuillets que nous publions avec les pages correspondantes de l'œuvre achevée dans *Ceux de 14* (aux dates indiquées). On pourra alors faire le départ du travail de création — mais une création qui ici se nourrit d'une expérience douloureusement vécue et ressentie jusqu'à ses plus extrêmes vibrations par une sensibilité exceptionnelle. On verra, du reste, dans ces notes brèves, combien Maurice Genevoix était lucide dès cette date sur les erreurs psychologiques du commandement : abus de la résistance des hommes, retour aux mêmes endroits de misère (erreur que le général Pétain veillera à éviter à Verdun). On verra aussi combien l'amour de la nature, consolatrice et apaisante, transparait chez lui et annonce déjà l'œuvre future. On lira la nostalgie poignante et la douleur d'une âme frémissante devant l'injustice de la souffrance infligée aux hommes.

Il est à peine besoin d'insister sur l'importance de ces *carnets* et *feuillets* pour l'étude de l'art de Genevoix. Une édition commentée de *Ceux de 14* qui se révèle maintenant indispensable ne pourra désormais se dispenser de recourir à ces premiers textes.

Outre des extraits des *Feuillets* nous publions quelques passages du carnet de route proprement dit *Carnet I*. Il est surtout composé de notes brèves et précises. Le tracé — hâtif — des mots révèle les notations prises sur le vif — à chaud. Le seul passage qui soit un peu plus long et mis en forme c'est précisément un des rares qui a du être rédigé au soir des faits relatés. Il s'agit de l'attaque en forêt du 24 septembre où se situe l'épisode de l'impact d'une balle qui le frappe et qui se trouve amortie par un bouton de l'uniforme. On pourra aisément, en se reportant à *Ceux de 14* — aux dates indiquées — voir comment la brève teneur de ce carnet a donné naissance à un récit construit et comment ses observations aiguës et précises sont intégrées dans la rédaction définitive.

L'autre intérêt de ce carnet c'est qu'il a servi de guide et de repère à la rédaction du premier jet de *Ceux de 14*. Il est — en quelque sorte — la semence de l'esprit d'où jaillit l'œuvre accompli comme la racine donne naissance et supporte l'arbre. En effet — après coup — un premier découpage de la matière du carnet partage l'ensemble en cinq volumes que comprendra la première édition. On y décèle également les tâtonnements à la recherche du titre définitif de l'œuvre. Il semble bien cependant que Maurice Genevoix se soit assez vite arrêté à la distribution du récit tel que nous la connaissons. Une mention — datée 6 mai 1916 — (donc pendant sa convalescence) fait état de : I. Sous Verdun. II. Quartiers d'hiver. III. Les Éparges. De même qu'il dut travailler avec la constante pensée de ses camarades tués et en particulier du souvenir de Porchon. Le *Carnet II* porte en effet la mention suivante :

A la mémoire
de mon ami Robert Porchon
cité à l'Ordre de l'Armée pour sa « bravoure admirable »
tué aux Éparges le 20 février 1916

Il est fascinant d'observer combien un aussi mince carnet de route — griffonné plutôt que rédigé — a pu donner naissance à ce vaste ensemble que sont *Ceux de 14.* Cette simple constatation suffirait à établir la force du talent d'écrivain de Maurice Genevoix. Il est vrai aussi que pour construire son témoignage il eut le douloureux privilège de « comprendre avec sa chair ». C'est ainsi que *Ceux de 14* réussit le prodige de nous faire comprendre l'incommunicable.

Gérard CANINI

Feuillets (inédits)

12 février 1915. (de Verdun). Je suis arrivé à 11 heures ce matin. Je me suis fait photographier, oui mais voilà! Ce ne sera pas moi dans ce que je suis d'ordinaire : tu verras derrière mon dos l'affreux décor des photographes professionnels — et non pas les vallons accoutumés et les « Hauts » à quoi nous nous tenons en face des Boches, — non plus notre forêt et notre carrefour aux grands arbres morts où nous passons nos quatre jours de 2ᵉ ligne.

25 février. Je viens de traverser des moments d'angoisse et de souffrance épouvantables. Angoisse physique d'abord. J'aime la vie, je tiens à la vie de toute ma puissance d'aimer et quand je voyais sauter en l'air et retomber à mes pieds une tête dans un passe-montagne ou quand je recevais sur la main une langue avec toute l'arrière-gorge j'avais l'angoisse physique, très violente, de sauter en morceaux, toute ma chair déchiquetée par lambeaux. Tu vois cette chose?
Puis angoisse morale — souffrance du cœur : voir mes propres hommes disparaître les uns après les autres — les entendre — toute une nuit

m'appeler avec des voix d'enfants, pleurer, me supplier de les faire emmener, de leur couper le bras tout de suite si je ne voulais pas qu'ils meurent, de leur prêter mon révolver si je ne pouvais pas les achever moi-même... Je t'assure que c'est un vrai supplice, un vrai.

Comprends que depuis six mois je m'étais attaché à tous ceux-là; que je les aimais, réellement de tout mon cœur. Récompense chaude et précieuse que leur dernière poignée de main, appuyée, que leur long regard heureux et reconnaissant quand on les a emportés le matin tout pantelants et rouges de leur sang versé. Et puis, et puis Porchon est mort. Blessé légèrement il allait se faire panser; il a été tué : un éclat d'obus lui a ouvert la poitrine juste comme il arrivait aux abris.

28 février. ... J'ai dû prendre une compagnie décimée, privée de cadres, privée surtout de comptables. Je n'y connaissais rien en comptabilité. Alors il a fallu qu'après de terribles journées je travaille beaucoup pour me mettre au courant. A présent je respire. Je ne suis même pas fatigué. Et vraiment j'ai un corps qui m'épate moi-même : je rends justice à ma résistance...

Je ne sais pas... les jours vont encore s'accumuler, gros de dangers toujours et lourds de menaces. Mais tu vois j'ai confiance aussi pleinement que par le passé... Plus que jamais le courage doit être patient, l'espoir calme. Il ne faut pas de fièvre. La guerre nous aura donné une vertu : la résignation.

Résigné à vivre loin de vous tous, résigné à souffrir, résigné à braver chaque minute les formes innombrables et diaboliques de la mort, résigné à perdre mes camarades les plus chers sans avoir même le temps de leur donner toutes mes larmes.

11 mars. Reçu musette, pèlerine caoutchouc, ciseaux à ongles, bandes molletières verdâtres à teinte écœurante. Demande de montre.

— Je suis lieutenant. Pas encore officiel.

— René (5) peut s'engager — Envoi des photos de Verdun (...).

15 mars. ... Il m'en faut à moi du courage pour ne pas faiblir en ce moment. Il faut que je me réfugie dans le souvenir de ceux que le danger ne menace pas et que je reverrai un jour. Mais il ne faut pas, il ne faut pas que ma pensée s'en aille vers les bons camarades à qui la guerre, la fatigue, les combats et les menaces de la mort bravée ensemble m'a peu à peu attachés. Comme il y en a qui sont tombés! Et pour un de ceux-là pas un ne reviendra! Il y avait des gens qui les aimaient et qui croyaient les revoir un jour. Fini! Ils ne reviendront plus jamais! Plus jamais! Une boîte close, un peu de terre. Et la pluie tombera. Le soleil. La neige. Les brouillards : les saisons reprendront leur cours impassible. Il n'y aura plus qu'une petite croix de bois, un souvenir au cœur des camarades et des parents; des larmes brûleront des yeux. Et puis lentement, insensiblement, leur image s'effacera dans les cœurs qui l'auront gardée. La mort deviendra tristesse paisible. Et quand ces cœurs auront vieilli et quand à leur tour ils cesseront de battre, ce sera fini, fini, fini.

22 mars. Nous aurons encore à nous battre. Et j'ai assisté à des scènes qui m'ont rappelé celles de février encore toutes proches. Presque rien comme bombardement : nous sommes tout près de Metz, et les Boches se ravitaillent en munitions très facilement. En une nuit, en quelques heures ils amènent autant de batteries qu'ils veulent et ils tapent. C'est pour nous une dure situation, fatigante moralement plutôt que physiquement et qui nécessitera certainement un repos général assez long, du régiment. Nous avons des docteurs qui n'ont pas d'énergie, ou qui ont trop le souci de leur carrière : sans quoi il y a longtemps déjà que nous l'aurions eu ce repos attendu.

J'ai vu trop de choses dégoûtantes pour être dupe encore de certains mots qui impressionnent les niais. Il est beau de se battre, de se sacrifier pour un idéal il est stupide de se battre pour le 5e galon ou pour les feuilles de chêne d'un égoïste. Depuis le temps que dure cette guerre de tranchées les convoitises se sont démasquées. C'est la vie de garnison en ce qu'elle a de bas et de révoltant : les professionnels cherchent à se faire voir et à se pousser par n'importe quel moyen. Et je ne trouverais rien à dire là contre si toutes leurs entreprises ne se soldaient par la mort inutile de braves gens que d'autres aiment.

Le pire est que ces braves gens sont clairvoyants et que si cet état de choses se prolonge la vertu qui fait d'eux les admirables soldats qu'ils sont périra : ils perdront l'enthousiasme.

Je te dis simplement ce que je pense parce que je l'ai observé jour à jour jusqu'à ce que ma conviction soit faite. Je ne m'indigne pas, ou plutôt je ne m'indigne plus. Je sais trop déjà à quoi m'en tenir sur la réalité des vertus que la guerre devrait exalter pour être surpris que la guerre exaltait monstrueusement, en vérité une tare commune à presque tous : l'égoïsme. Mais j'ai le droit de laisser ces gens pour ce qu'ils valent, et de les mépriser de toutes les forces que j'ai pour admirer et pour aimer. Je suis serein, je reste moi-même nullement diminué ni abattu pourvu que je connaisse des êtres bons que n'atteindra jamais cette bassesse du plus grand nombre... Je crois qu'après-demain matin nous quittons la 2e ligne pour aller au repos 4 jours...

J'en profiterai pour envoyer les 6 portraits (6).

23 mars. Nous avons eu cette journée un temps de printemps adorable, trop lorsqu'on est en guerre. Plusieurs fois déjà, depuis le commencement de ce mois j'ai eu cette impression pénible. La guerre est vraiment une chose ignoble : voilà des brins d'herbe qui montrent le bout de leur nez sous les feuilles mortes, des bourgeons qui essaient de s'ouvrir et laissent voir, par les craquelures de leur corset brun, leur chair frêle. Et il y a des taillis dans notre forêt qui tendent déjà à travers les chemins des réseaux de petites feuilles légères, légères et lumineuses; les noisetiers ont des chatons à toutes leurs branches. Sur tout cela du soleil, du soleil clair, gai, tout jeune. Et partout, dans les grands arbres des futaies, dans les buissons au bord des routes, dans le ciel très haut sans qu'on les voie des centaines d'oiseaux pépient et sifflent, roucoulent leur joie.

Le printemps! Alors pourquoi ces canons, toujours et ces petites détonations grêles, et ces miaulements de shrapnells qui éclatent en nuées autour des aéros?

En face de mon abri il y a le poste de secours d'un autre régiment : par terre, près du fossé c'est un enchevêtrement de brancards tous tachés de sang brun; et dans un trou un peu plus loin l'ouate souillée des pansements s'accumule.

... Puisque je ne pouvais fuir loin, là où l'on entendit plus le bruit des canons et de la fusillade, j'ai voulu du moins sortir de mon trou, respirer, flâner au gré de ma fantaisie et surtout chercher de la solitude pour y retrouver mes absents.

Alors je suis parti et j'ai découvert dans la forêt connue des chemins que j'ignorais. J'ai suivi des allées où des mouches, des insectes brillants volaient déjà dans le poudroiement de la lumière.

Je me suis arrêté au bord d'un tout petit chemin avec la certitude que personne ne passerait là. Je me suis couché sur un lit de feuilles sèches qui craquent et je me suis mis à lire vos lettres...

Mais il fallut rentrer; et lentement j'ai refait le chemin (...) au caprice de ma fantaisie. J'ai marché dans le soir calme engourdi encore dans mon rêve et percevant (...) les coups sourds et violents des canons et les claquements des fusils sous les bois.

24 mars. On m'a apporté ce matin une de ces innombrables notes de bataillon qui sont à présent mon cauchemar. Il a fallu que j'amène ma compagnie hors du village, à la lisière des bois et que je fasse faire des théories sur le tir avec exercices à l'appui. Je rentre à 10 heures et demie. Pan! Une convocation : des ordres en prévision d'une relève probable (...).

1er avril. Je viens de passer deux ou trois journées presque agréables. La nuit venue, mes deux sous-lieutenants couchés, je suis tranquille, bien avec moi ... L'abri où je t'écris est petit, la porte à ma droite cachée par une toile de tente qui palpite vaguement au vent. A ma gauche une cheminée prussienne que nous avons amenée hier matin parce que l'ancien foyer fumait à nous rendre malades. Devant moi le bas-flanc avec la paille sur laquelle je dormirai tout à l'heure. Sur ma tête, des rondins de sapins parallèles. Et j'écris sur une petite table ronde vacillante éclairée par une bougie fichée dans un morceau de pain... Promenade avec Prat...

4 avril. Jour de Pâques. Je le note ce jour de Pâques fleuries. Depuis hier il tombe une pluie fine qui par instants se fait violente. Et elle délaye cette pluie maudite la boue épaisse, gluante, collante et lourde des Éparges. Mon appartement c'est une galerie de mine obscure et puante : imagine-toi un couloir étroit long de 1,2 m à peu près haut de 1,5 m, des planches sur les côtés et sur nos têtes; par terre le sol nu. Non tout de même : depuis ce séjour nous avons un peu de paille éparse. Chaque fois qu'un agent de liaison met le pied au dehors il ramène des paquets de boue, la paille est devenue un fumier.
Je suis assis sur un sac les reins esquintés, les jambes ankylosées; et je griffonne comme je peux, avec, comme pupitre, un bout de planche posé sur mes genoux...
Nous avons encore plus de deux jours à stagner dans ce trou; sans autre horizon que le carré de planches qui s'ouvre sur la galerie et par lequel je ne vois qu'un bout de pays embué de pluie, gris et sale. On mange froid ce que l'on peut, il y a de la paille dans les assiettes et dans les quarts, de la poussière partout. Impossible de se laver.
Pourtant on se prend à souhaiter que cela ne change point car c'est actuellement ce qu'aux avant-postes nous pouvons avoir de moins saumâtre. Pense que nous pourrions être des journées sous cette pluie pénétrante et qui ne cesse point dans une tranchée sur laquelle les obus tombent avec la même persistance que la pluie. Dans notre galerie infecte on ne mouille point et il faudrait un hasard vraiment extraordinaire pour qu'un obus nous atteignît. Je ne suis pas à plaindre et ma vie actuelle est enviable puisqu'elle est la meilleure possible sur notre première ligne.
(...) Je ne sais toujours pas quand nous aurons quelque repos : des renforts, une citation à l'ordre du jour du régiment et « on remet ça » comme disent mes hommes. Est-ce une méthode? Je crois, moi, que c'est dangereusement méconnaître les ressources en force de la moyenne des hommes. Viendra peut-être un jour où le commandement

qui gaffe ainsi aura peut-être des déconvenues dont il sera seul responsable.

... On ne peut rien prévoir, rien, rien, et l'on cesse même de chercher à prévoir. Monotonie lorsque nous sommes au calme et chaque fois que nous sortons du calme, l'horrible.

Il aurait fallu qu'après les combats si meurtriers de février on nous change au moins de secteur pour que ne fléchisse pas la force morale des survivants.

Je suis à ce moment même à quelques mètres de l'endroit où Porchon a reçu sa première blessure, à quelques mètres de l'endroit où j'ai perdu presque tous les hommes de la section à la 7e. Comment veux-tu qu'on oublie ces heures si on nous ramène à jour fixe au coin de terre précisément où nous les avons vécues? Je crois même que je n'ai plus la même énergie, la même force d'indignation qu'au début de la guerre pour ne pas éprouver un plus vif sentiment de révolte.

Révolte, oui : parce qu'il est possible, parce que je suis sûr qu'il est possible d'agir autrement.

13 avril 1915. ... Encore la tourmente et l'horreur tous ces derniers jours, le 5, le 6, le 7 et jusqu'au 11. A présent c'est fini et je crois bien que nous aurons un peu du repos tant attendu (...).

J'espère que si nous quittons Dieue nous embarquerons. Aujourd'hui aucune autre prévision qu'un repos de 8 jours au minimum.

17 avril. Nous ne savons pas du tout ce qui nous attend si même nous pouvons compter sur quelque repos. Et pourtant il y a une chose qui m'intéresse énormément : savoir si nous retournerons à ce piton sur lequel nous nous sommes battus pendant deux mois.

Laissons venir les événements et fions-nous à eux : pourvu que nous restent la confiance et la certitude que je vous retrouverai un jour tout est bien. ... Comme les images s'exagèrent dans cette interminable solitude! Que ma pauvre tête se fatigue, parfois, à ces hallucinations méchantes!...

Maurice GENEVOIX

Carnet de route de Maurice Genevoix
(Extraits inédits)

Jeudi 24 septembre 1914. Dix heures. Un ordre : il faut faire la soupe et se tenir prêt tout de suite. Nous mangeons (à 4 encore) des fayots crus et du bœuf. Onze heures moins dix, nous partons. Mouilly, toujours; les blessés descendent plus nombreux que jamais, presque tous sont du 67e. Nous voici dans le bois Phamont : un shrapnell fuse et crible la route. Le caporal près de moi a son sac troué. Joubert (7) est atteint à la cuisse : c'est son quart qui a tout pris.

Ligne de section par quatre. On attend comme toujours. Départ, on franchit la route et la crête, la fusillade se fait entendre — très violente — nous avançons, avançons, les premières balles commencent à siffler et à couper les branches. Blessés : il y en a un dont la mâchoire inférieure a sauté. Le sang file; un autre tient à deux mains les intestins qui ballonnent la chemise rouge. Un autre arrive en courant, s'agenouille dos à l'ennemi et, la culotte ouverte, retire de ses testicules la balle qui l'a frappé (...) J'occupe avec une section le fossé qui longe la grande Tranchée de Calonne. Paquets de fuyards. En voici du 288e, et puis du 288e encore, et puis toujours du 288e. Ceux-ci avec un lieutenant, blème, révolver au poing. C'est du chiqué; il bafouille, je le gifle. Il encaisse. Au 67e maintenant; ils filent comme des lapins au-delà de la tranchée, parallèlement à elle. J'appelle un sergent. Il cane parce que les balles allemandes fauchent la route. Allons-y du rigolo. Ça réussit. Il traverse triple galop, reins cassés et visage grimaçant. Je l'interroge. Il paraît que tout un bataillon du 67e se replie par ordre parce que les munitions manquent. Ah! En attendant le sergent restera avec moi, — et puis ces hommes, et moi ceux-là, et puis ceux-là, tas de rosses! Le pire est qu'à chaque paquet de fuyards mes hommes à moi s'agitent et se lèvent pour fuir. Je gueule jusqu'à l'aphonie complète. Quand la voix manque je botte les fesses, direction la tranchée.

Des fuyards encore puant la frousse contagieuse. Ils crient quelque chose, à grand peine car on sent qu'ils ont le gosier noué : les Boches sont là; ils arrivent, ils tournent à gauche, à droite, il y en a partout.

Eh! mais est-ce que tout de même?... leurs sacrées balles claquent en nombre. Et tout à coup leur ranz des vaches et leur tambour grêle, tout près, tout près. Il n'y a plus de fuyards. J'envoie prévenir Porchon qui est à deux pas sur la droite : la liaison revient. Il faut se replier et dare-dare tout reformer un peu sur l'arrière une ligne de résistance assez solide. Je ramène mon monde, en ordre autant que je peux et refais face en avant, en tirailleurs — les mausers recrépitent. J'étends les bras, je

vais commander un feu. Juste à ce moment j'aperçois dans une vague
éclaircie un uniforme feuille morte, le quart d'une tête, un fusil : han!
un coup brutal au ventre, quelque chose de jaune et brillant qui jaillit.
J'ai plié du coup en ramenant mes mains au corps. J'ai dû dire quelque
chose comme « ça y est ». Quelques hommes sautent vers moi; j'en
garde un, en tout cas et vais m'asseoir derrière un gros arbre. J'ai un
doigt fourré dans le trou de ma capote, je le retire, ça saigne un peu,
pourquoi pas plus?
Parbleu, je ne suis même pas blessé. C'est mon bouton que j'ai vu jaillir;
il a fait dévier la balle qui a coupé mon ceinturon, percé ma capote en
deux places, et enfilé un tout petit bourrelet de peau, presque rien. Vite
à ta section mon vieux; tu as déjà l'air d'une andouille! et pourquoi pas?
puisque les Boches n'avancent plus si nous retournions voir un peu par
là d'où nous venons? j'avance seul pour voir. Tiens! là-bas sur la droite
il y a des nôtres. Et ils jouent bruyamment du lebel. En approchant je
reconnais ce vieux Porchon nez à l'air et pipe aux dents — les mains
aux poches, pas de promenade. Mon vieux tu es très chic. Je te dirai ce
que j'en pense après.
Pour l'instant je colle ma troupe sur la gauche prolongeant la ligne, les
lebel de la section pètent à l'unisson. Je crois que nous travaillons pour
quelque chose tout de même.
Retraite générale. Nous suivons. Les régiments se reforment au fond
d'un ravin. Nous traversons encore Mouilly et nous nous arrêtons près
de la ferme d'Amblonville. Route de Rupt où l'on reforme à nouveau le
106e (...) Il fait nuit. On parle de réattaquer. Est-ce que l'on se rend
compte du moral des hommes! Nous allons prendre place à la sortie
Ouest de Mouilly. Je rencontre Laveine. C'est changé : sortie sud sur le
chemin de Mouilly. Les distributions. On allume des feux. Peut-être
pourrons-nous dormir un peu. 1 heure du matin. Je bois le jus. Sans
sucre. Autre mouvement. Nous tournons en tout sens. Direction perdue
évidemment et nous arrivons enfin aux abords de la route de Mouilly-
les-Éparges, cote 372, où la nuit s'achève toujours aussi froide.
(J'ai perdu tous mes gradés : Holderbach tué, Paul Majot, Robert
blessés.)
(...)

Samedi 26. Avant-postes. Marche funèbre. Réserve à la guitoune. Les
linges sanglants. Le soldat tué en mangeant.

Dimanche 27. Avant-postes. Canonnade inquiétante. Relève Roy (8),
ratée dans le noir.

Lundi 28. Relève. Tranchée de Calonne. Les deux sales petites pièces. Nuit d'abrutissement. Impossible de nous caser Porchon et moi.

Mardi 29. Rupt. Je trouve un lit. Les confitures à sept sous.

Mercredi 30. Rupt. Les tranchées.

Jeudi 1er octobre. Mouilly. Cantonnement. Le soir je m'arrange avec Porchon, Roy pâle. Renforts.

Vendredi 2. Je suis major. Journée épatante. Le porc. Le linge. Le feu, etc.

Samedi 3. Nous partons vers midi. La pièce de 90. Avant-postes. 1re ligne nuit relativement tranquille. Décrire le bois. Pas d'abattis.

Dimanche 4. Les cloches. Casamayor (9) est mort. La fusillade. Le soir fusées. Hallucinations. La pensée de Casa me poursuit. (...)

Mercredi 14. (...) j'ai une bronchite. Je vais voir Lagarrigue : j'ai une bronchite : il me soigne à l'ipéca! J'en suis malade. Le gâteau de riz des sous-offs recouvert de farine de seigle. Infect. La guitoune basse de plafond. Il pleut (...)

Jeudi 15. La vieille hôtesse est « aimable » (...) des voleurs brisent la porte de cave de la vieille et lui volent tout son vin. Désespoir bruyant : « min pauvre infint! » (...)

Jeudi 22. Fannechon néglige de m'éveiller. Je cours derrière, avec une boule de pain un bouthéon et un morceau de bœuf froid et carapaçonné de graisse figée. Je rattrape grandement à temps la relève. Nous dépendons du capitaine Gérard. Les Éparges. Prise de possession d'une maison; nous sommes assez bien. Réseaux de fil de fer que ma section fabrique. Les Boches tiraillent quand on se montre. Des obus aux environs. Ils tirent les vaches. Des gorets cavalent dans la rue croûtés de fange. Je rentre dans l'église. Le chemin de croix colorié; les statues de plâtre peint; de la paille partout. Il y a eu là un poste de secours. Plaisir! voilà les obus qui tombent sur le village. L'école. Au tableau noir il y a l'énoncé d'un problème : « un marchand a vendu 8,50 m de drap 102 F il a gagné 0,75 par mètre. Quel a été le prix d'achat du mètre? (...) ».

Lundi 2 novembre (...) le régiment change de chef. Une section est sur la tranchée; abris des hommes infects; rien pour nous. Puisqu'il n'y a rien nous faisons quelque chose! Et nous faisons ceci (10). J'y couche le soir avec Fannechon et Chabeau qui me fait un ardent ouvrier. (106. 7°. 1°. 2 nov. 1914. « comme on peut. » les moyens que j'ai employés. Corvée de paille à Mouilly (...).

Maurice Genevoix

1. Nous ne saurons assez remercier Madame Maurice Genevoix qui a eu l'extrême générosité de nous confier ces précieux documents afin que nous puissions les examiner à loisir.
2. Il semble qu'à cette date Maurice Genevoix éprouve quelque lassitude à prendre des notes et cesse de tenir son carnet au jour le jour. On trouve en effet dans *Ceux de 14*, page 499, daté de janvier 1915 ceci : « cette stagnation me rend stupide. J'ai du mal à présent à continuer le carnet de route que j'avais commencé aux premiers temps de cette guerre immobile en reprenant les notes hâtives que j'avais prises au jour le jour en essayant — avec quel enthousiasme! — de leur donner chaleur et vie (...) ».
3. Également : Stendhal *La Chartreuse de Parme*, Zola, *La faute de l'Abbé Mouret*, Bourget, *Le disciple*, Courteline, *Les gaietés de l'escadron*; Madame de Lafayette, *La Princesse de Clèves*; Voltaire, *Zadig*, *Micromégas*, etc. une nette préférence pour Voltaire et un choix quasi exclusif d'auteurs français trahissent la formation du normalien. Avec Courteline il précise avoir lu ce qui — à son époque — pouvait passer pour des récits « sociologiques » permettant de mieux connaître la psychologie du soldat. Souci de futur officier. « Aussi bien avais-je lu Courteline, Descaves aussi et ses *sous-offs.*, Paul Acker et son *Soldat Bernard* (...) » cf. *Trente mille jours*, p. 104.
4. Ces feuillets détachés ne sont pas avec les *Carnets.*
5. René est son frère. Il sera officier. (Précision due à Madame Maurice Genevoix.)
6. Il s'agit des portraits faits à Verdun. Voir planche.
7. Un de ses hommes. 4ᵉ escouade.
8. Adjudant Roux dans *Ceux de 14*. Il sera effectivement évacué pour maladie. (« Roy pâle ».)
9. Normalien. Maurice Genevoix a rappelé son souvenir en d'émouvantes pages dans *Trente Mille jours*, cf. p. 115-117.
10. Ici dans le carnet, Genevoix dessine la guitoune réalisée. Cf. *Ceux de 14*, p. 361-362. Voir planche hors texte.

« 12 février (1915). Je suis arrivé à 11 heures ce matin. Je me suis fait photographier (...) derrière mon dos l'affreux décor des photographes professionnels (...) ». *Carnets Inédits.*

(Collection Madame Maurice Genevoix)

« Les mains dans les poches, la jambe gauche
« un peu en avant, l'air martial que
« diable! Je suis dans ma vareuse trop
« courte un beau lieutenant de carte postale. »

(Ceux de 14, p. 606)

CARNET DE ROUTE INÉDIT
A la date du 24 septembre 1914. *Cf.* texte supra page 46.
(Collection Madame Maurice Genevoix)

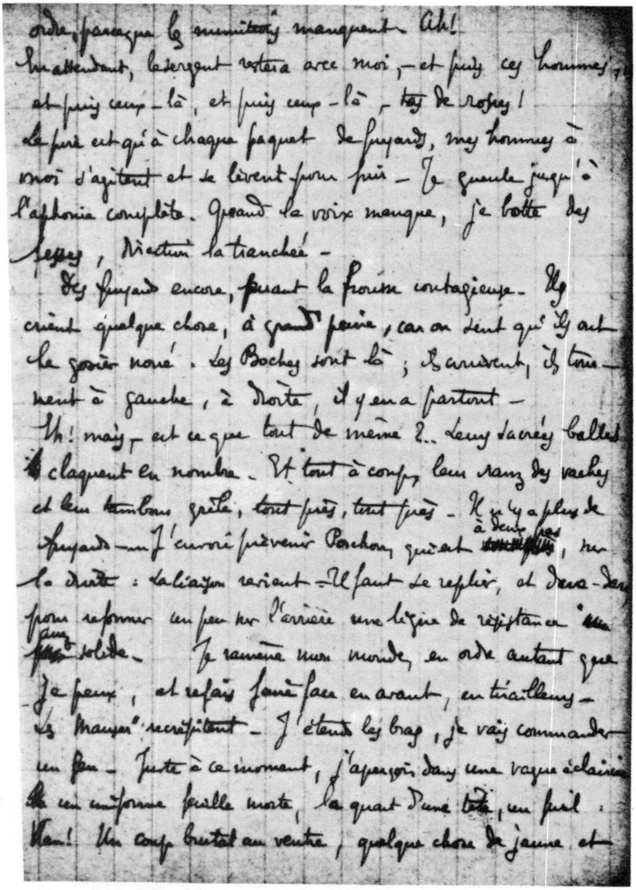

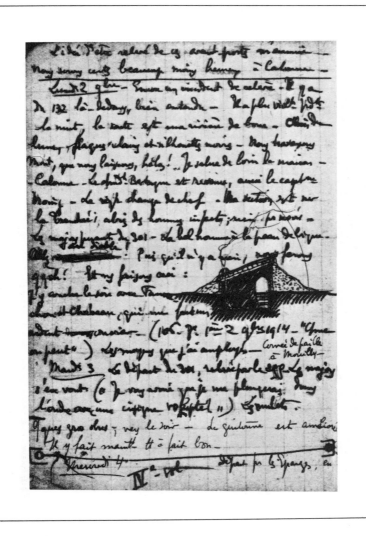

CARNET DE ROUTE INÉDIT

2 et 3 novembre 1914. Croquis d'une « Guitoune ». *Cf.* texte supra p. 49.

(Collection Madame Maurice Genevoix)

« La guitoune que nous avions creusée maçonnée et couverte
« émergeait des feuilles brunes comme le chapeau d'un
« énorme bolet. » (*Ceux de 14*, p. 367).

CARNET DE ROUTE INÉDIT

On lit à la date du 4 novembre 1914 : « Le 1ᵉʳ Bataillon fait un bond de 57 pas sur la droite, de 42 sur la gauche. » *Cf.* l'utilisation de cette phrase dans *Ceux de 14*, p. 369.

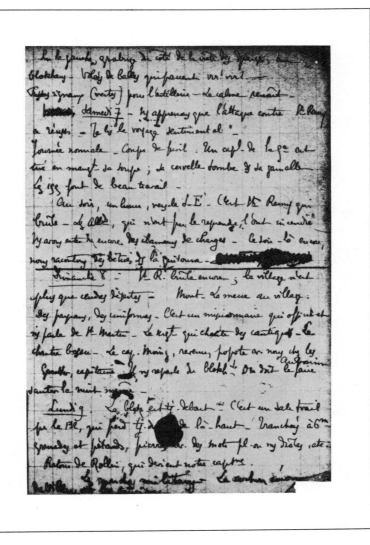

CARNET DE ROUTE INÉDIT
Notes des 7 au 8 novembre 1914 pendant l'attaque sur St-Rémy.

(Collection Madame Maurice Genevoix)

CARNET DE ROUTE INÉDIT
Novembre 1914. La finesse d'observation de Genevoix s'exprime aussi par le dessin.

(Collection Madame Maurice Genevoix)

Genevoix : Le Témoin

par Jean NORTON-CRU (1)

Parmi tous les auteurs de la guerre Genevoix occupe le premier rang, sans conteste. Ce n'est point là une opinion dogmatique, ce n'est pas l'expression d'un goût individuel. Cela n'a rien de commun avec le jugement d'un lecteur qui préfère un roman à un autre, lequel sera préféré par d'autres lecteurs. C'est plutôt le jugement qui accorde la mention *très honorable* à une seule d'entre plusieurs thèses parce qu'elle serait la seule à réunir un ensemble de qualités désirables dans un travail d'érudition, qualités que chacun pourrait constater pourvu qu'il ait la compétence et qu'il ait lu la thèse comme doivent se lire de tels travaux. De même je n'ai pas le moindre doute que tout historien, tout critique partagera mon opinion sur la prééminence de Genevoix dans le cas, peu probable je l'avoue, où il se serait préparé à motiver logiquement et comparativement son choix en prenant connaissance de toutes les œuvres entre lesquelles il faut choisir la meilleure. Que si l'on me demande de motiver mon jugement ici, je répondrais qu'il me faudrait résumer tout le reste de ce travail, car c'est ce livre entier qui explique mon choix. Dans tout ce que j'ai dit des œuvres médiocres, j'ai souligné les faiblesses les plus variées dont Genevoix est précisément exempt. Dans tout ce que j'ai dit des œuvres bonnes, j'ai fait valoir des qualités diverses qui se retrouvent chez Genevoix en nombre plus grand que chez les autres. Dans son œuvre de guerre Genevoix a révélé une conscience, une aptitude, un talent, je voudrais ajouter un génie, mais le mot ferait sourire, qui constituent un cas unique non seulement dans notre guerre, mais dans toute notre histoire. Qu'on se garde bien de mêler ici l'aptitude de romancier que Genevoix a pu révéler dans *Raboliot*; cela n'a rien à faire avec la question. Il aurait pu comme

Pézard ne rien écrire que son récit de guerre, ses qualités n'en seraient pas moins ce qu'elles sont; son œuvre littéraire gêne plutôt le critique (pas moi) qui n'arrive pas à en faire abstraction pour juger l'auteur strictement sur sa Pentalogie des Éparges.

Il faut bien le reconnaître, et rira qui voudra, Genevoix a le génie du récit de guerre et son œuvre est incomparable. Je sens trop qu'on ne peut pas me suivre parce qu'on n'a pas l'expérience du sujet, limité et pourtant si vaste, que je me suis appliqué à connaître depuis plus de dix ans. L'esprit ne peut pas juger dans l'absolu, il ne peut juger que par comparaison tantôt faite personnellement, tantôt acceptée des spécialistes, érudits, critiques. Quand nous jugeons une œuvre littéraire nous nous servons de l'expérience de toutes nos lectures et aussi de toutes les lectures et critiques d'un Sainte-Beuve et d'un Brunetière. Les jugements que l'on porte sur les livres de guerre, ceux que l'on a portés jusqu'à ce jour, me paraissent à moi, que l'on me pardonne, dénués de sérieux. On juge dans l'absolu, dogmatiquement, en suivant sa fantaisie d'un jour, sans base de comparaison, sans autorité qu'on puisse invoquer; les lectures personnelles sont trop limitées pour constituer une expérience du sujet; et il n'existe pas de Sainte-Beuve aux prodigieuses lectures dont on puisse emprunter les opinions sur les livres de guerre. Les critiques augmentent encore leurs chances d'erreur en partageant l'idée trop répandue que les livres de guerre sont de la littérature, un peu spéciale sans doute, mais que l'on peut juger avec et comme les romans. Ils seraient prêts à comparer *Sous Verdun* avec *Les chouans,* le récit du grognard dans le *Médecin de campagne,* le chapitre sur Fabrice à Waterloo, *L'enlèvement de la redoute, La débâcle, Le désastre,* les contes de guerre de Daudet et de Maupassant etc. Ils ne voient pas qu'elle que soit la valeur littéraire de ces œuvres, leur valeur documentaire est nulle au point de vue guerre, comme est nulle la valeur du *Sens de la mort,* des *Nouveaux Oberlé,* de *Dixmude.* On ne saurait comparer *Sous Verdun* qu'à des œuvres de combattants décrivant des épisodes vécus : *L'anabase, La guerre des Gaules,* les récits de Joinville, les *Mémoires* de Monluc... mais surtout aux récits de troupiers et d'officiers subalternes depuis la Révolution. Si l'on trouve dans tout ce passé un seul auteur qui égale Genevoix, ou même l'un des dix meilleurs de notre guerre, j'aimerais le savoir, car si je n'ai pas tout lu dans ce passé, j'ai beaucoup cherché et je n'ai rien trouvé qui approche à la fois la probité et le talent de nos contemporains pour peindre le vrai visage de la guerre. Quand je dis que le génie de Genevoix est unique dans notre histoire, c'est que je suis prêt à le démontrer par la citation des textes. À quoi bon toute cette discussion? en quoi serons-nous plus avancés s'il est démontré que Genevoix ou tel autre est le meilleur écrivain de la guerre? Le fait a son importance : il n'est pas indifférent de savoir si le maximum de vérité s'obtient par la méthode Genevoix, la méthode Barbusse ou la méthode Jean des Vignes Rouges.

Quelles sont donc ces qualités de narrateur que je n'ai pas craint d'appeler le génie de Genevoix? Il a su raconter sa campagne de huit mois avec la plus scrupuleuse exactitude, en s'interdisant tout enjolivement dû à l'imagination, mais cependant en ressuscitant la vie des événements et des personnes, des âmes et des opinions, des gestes et des attitudes, des paroles et des conversations. Son récit est l'image fidèle d'une vie qui fut vécue, comme un bon roman est l'image d'une vie fictive mais vraisemblable. Aucun récit de guerre ne ressemble plus à un roman, si bien que certains critiques se sont demandé dans quelle mesure l'imagination avait aidé à romancer la réalité. Il n'en est rien; si ces critiques avaient vécu la vie du front, ils l'auraient reconnue chez Genevoix, sans transposition; s'ils avaient su appliquer au texte l'appareil critique de vérification dont je me sers et qui appliqué à d'autres œuvres n'en a laissé que des ruines, ils auraient vu que Genevoix sort de l'épreuve réhabilité de tout soupçon. Ces dialogues si nombreux, qui ne peuvent pas avoir été notés en sténographie et que l'on pourrait déclarer fictifs, sont en réalité une de ces réussites merveilleuses qui font penser au génie. Comparez-les aux dialogues des romans de guerre, évidemment artificiels, comparez-les aux quelques dialogues des souvenirs et vous trouverez ceux de Genevoix savoureux dans leur simplicité, exempts d'effort et d'esprit littéraires, adaptés aux personnages, poilus, civils ou officiers. Genevoix est doué d'une mémoire auditive qui lui a permis de retrouver les mots typiques de chaque individu, son accent, sa manière de discuter, tout son tempérament enfin qui se faisait jour dans ses paroles. Aucun écrivain de l'avant ou de l'arrière n'a su faire parler les poilus avec un réalisme d'aussi bon aloi, un réalisme qui ne les idéalise pas plus qu'il ne les avilit. *Verba volant...* et l'on pourrait croire que les paroles vraies des poilus sont perdues à jamais faute de phonographes placés dans une niche du parapet. Mais au 106e leurs paroles impressionnèrent l'esprit spécialement doué d'un lieutenant qui sut les reproduire à temps, non pas dans leur mot à mot, mais dans la vérité essentielle de leur vocabulaire, de leur accent, de leur esprit. Nous autres combattants, nous avons une mémoire auditive qui ne nous permet pas de ressusciter les conversations comme Genevoix, mais qui nous rend capables de constater qu'elles *sonnent vrai.*

Il faudrait citer plusieurs pages de texte pour montrer la vérité des dialogues de poilus car leur simplicité honnête les rend bien moins caractéristiques que les phrases outrées de Sulphart ou de l'escouade de Barbusse. Pour les paroles de civils la tâche est plus facile. Qui ne reconnaîtra les Meusiens dans ces extraits? « N'faut point en causer surtout. J'en aurai p't'être bien d'aut's pour vous, quand mes gélines les auront faits. Mais n'faut point en causer. Oh! mais non là (p. 121). A matin, me v'là d'retour : y a pus d'place pour vous coucher, non!... Et qu'est-ce que j'aurai pour moi coucher? (p. 305)... s'il vous serait possible de nous prêter une table. — C'est pour vous manger? — Justement... En c'cas faut rester, là donc!... C'est une balle, n'est-ce pas? — Oh! mais oui!... j'ai peur que l'vent y chasse la pluille... grand vent, grosse pluille... (p. 307-13) Vous n'êtes pas du 165? De Verdéun?... Tué? — Oh! mais oui!... A matin encore, y avait d'son sang sur la dalle : ici là, tenez (p. 339). » Celui qui a su enregistrer tant de particularités qui nous échappaient, mais qui retrouvées à la lecture, suffisent à faire surgir de l'oubli nos mois passés en secteur meusien, celui-là était un témoin exceptionnel. J'ai insisté sur l'abondance et la vérité de ces dialogues parce qu'ils sont d'une part un élément unique parmi tant de souvenirs, journaux et carnets, mais aussi parce qu'ayant toute la vie, le mouvement, l'intérêt du roman, ils peuvent sembler déplacés dans des mémoires vrais où l'auteur se défend de toute fiction, si innocente qu'elle soit; ils peuvent, à tort, éloigner l'historien en quête de documents non containés par la fantaisie.

Si précieux qu'ils soient, ces dialogues nous donnent surtout l'atmosphère du front; il y a d'autre part les faits, les actions des hommes, les sentiments de l'auteur, la guerre proprement dite, telle qu'un individu la voit, la sent, la subit. Le 24 septembre 1914, la compagnie se dirige vers la Tranchée de Calonne à la rencontre d'un ennemi vainqueur; en route, on croise des blessés : « Des blessés se traînent, déséquipés... dépoitraillés, guenilleux, les cheveux collés de sueur, hâves et sanglants. Ils ont improvisé des écharpes avec des mouchoirs à carreaux, des serviettes, des manches de chemises; ils marchent courbés, la tête dolente, tirée de côté par un bras qui pèse, par une épaule fracassée; ils boitent, ils sautillent, ils tanguent entre deux bâtons, traînant derrière eux un pied inerte emmailloté de linges. Et nous voyons des visages dont les yeux seulement apparaissent, fiévreux et inquiets, tout le reste deviné mutilé sous les bandes de toile qui dissimulent; des visages borgnes, barrés de pansements obliques qui laissent couler le sang au long de la joue et dans les poils de la barbe. Et voici deux grands blessés qu'on porte sur des brancards, la face cireuse, diminuée, les narines pincées, les mains exsangues crispées aux montants de la civière; derrière eux des gouttes larges marquent la poussière... « L'ambulance? Où qu'y a l'ambulance?... » Mes hommes, qui voient et entendent cela, s'énervent peu à peu. Ils disent : « C'est nous qu'on y va à présent. Ah! malheur! » Des loustics plastronnent : « Eh! Binet, tu les a numérotés, tes abatis? — Ah!

ma mère, si tu voyais ton fils! » (p. 87). Cette espèce de pétillement très faible... c'est la bataille acharnée vers laquelle nous marchons, et qui halète là, de l'autre côté de cette crête que nous allons franchir. Allons-y; dépêchons-nous. Il faut que nous nous y lancions, tout de suite, au plein tumulte, parmi les balles qui filent raide et qui frappent. C'est nécessaire. Car les blessés qui s'en venaient vers nous, d'autres, d'autres, d'autres encore, c'est comme si, rien qu'en se montrant, avec leurs plaies, avec leur sang, avec leur allure d'épuisement, avec leurs masques de souffrance, c'est comme s'ils avaient dit et répété à mes hommes : « Voyez, c'est la bataille qui passe. Voyez ce qu'elle a fait de nous; voyez comme on en revient. Et il y en a des centaines et des centaines qui n'ont pas pu nous suivre, qui sont tombés, qui ont essayé de se relever, qui n'ont pas pu, et qui agonisent dans les bois, partout. Et il y en a des centaines et des centaines qui ont été frappés à mort, tout de suite, au front, au cœur, au ventre, qui ont roulé sur la mousse et dont les cadavres encore chauds gisent dans les bois, partout. Vous les verrez, si vous y allez. Mais si vous y allez, les balles vous tueront, comme elles ont fait eux, ou elles vous blesseront, comme elles ont fait nous. N'y allez pas! » Et la bête vivante renâcle, frissonne et recule. « Porchon, regarde-les. » J'ai dit cela tout bas. Et tout bas aussi il me répond : « Mauvais, nous aurons du mal tout à l'heure ». C'est qu'en se retournant il a, du premier regard, aperçu toutes ces faces anxieuses, fripées d'angoisse, nouées de grimaces nerveuses, tous ces yeux agrandis et fiévreux d'une agonie morale. Derrière nous, pourtant, ils marchent; chaque pas qu'ils font les rapproche de ce coin de terre où l'on meurt aujourd'hui, et ils marchent. Ils vont entrer là-dedans, chacun avec son corps vivant (2); et ce corps soulevé de terreur agira, fera les gestes de la bataille; les yeux viseront, le doigt appuiera sur la détente du lebel; et cela durera, aussi longtemps qu'il sera nécessaire, malgré les balles obstinées, qui sifflent et chantent sans arrêt, et souvent frappent et s'enfoncent avec un horrible petit bruit mat qui fait tourner la tête, de force, et qui semble dire : « Tiens, regarde! » Et ils regarderont, ils verront le camarade s'affaisser; ils se diront : « Tout à l'heure, peut-être, ce sera moi; dans une heure, dans une minute, pendant cette seconde qui passe, ce sera moi ». Et ils auront peur dans toute leur chair. Ils auront peur, c'est certain, c'est fatal; mais ayant peur, ils resteront. Et ils se battront, corps dociles, parce qu'ils éprouveront que cela est dû, et aussi, parbleu! parce qu'ils sont des hommes (p. 88-9).

Chez cet esprit si objectif qu'est Genevoix, ce passage est une exception, et l'on dirait que c'est de la littérature, surtout cette prosopopée des blessés. Mais ne voit-on pas que cette forme littéraire n'est qu'un moyen pour rendre sensible aux non-combattants la grande vérité psychologique, la réaction naturelle du soldat au contact de la bataille? Il faut avouer que le moyen choisi est très efficace et n'entraîne aucune déformation. Ce que Genevoix nous donne ici, manque totalement chez Barbusse et Dorgelès. Cette carence est si étonnante que je me suis souvent demandé si les deux romanciers avaient jamais vu le feu; comment expliquer qu'ils aient omis ce qu'il y a de plus terrible dans la vie du soldat? On s'explique en tout cas leur réputation, lancée par des critiques non-combattants, pour qui les souffrances du soldat ne peuvent être que la boue et la misère. Étranges réalistes en vérité qui omettent la réalité la plus essentielle; étranges pacifistes qui oublient d'accuser la guerre de ce qu'elle a de plus barbare, de plus intolérable, de plus inhumain! Voilà comment la critique de la guerre se trouva lancée sur une fausse voie, par la faute des publicistes trop âgés pour combattre qui ont cru savoir juger les œuvres et qui ont établi des réputations au rebours des mérites. Quel malheur qu'ils n'aient pas compris leur incompétence! Comme on verrait plus clair aujourd'hui s'ils avaient su se taire!

A la scène que nous avons citée on peut en comparer une autre (p. 321-4), datée du 28 octobre, qui décrit les blessés de l'autre régiment de la brigade entassés sur une carriole. L'auteur va les voir à leur passage dans le cantonnement; il s'agit d'une de ces attaques partielles de 1914, d'une absurdité à nous rendre sceptiques aujourd'hui. « Le premier que je vois est à genoux... le cou tendu et la face tournée vers le sol... du sang poisse les deux joues, crevées de plaies rondes pareilles à des mûres écrasées; les moustaches pendent comme des loques rouge sombre, et l'on aperçoit au-dessous, d'un rouge vif de sang frais, un vague trou qui est la bouche. Quelque chose bouge là-dedans, comme un caillot vivant, et de toute cette bouillie un bégaiement s'échappe... « Et vous? dis-je à un autre, où êtes-vous blessé? »... L'homme, un caporal, me répond d'une voix mesurée... A celui-là je puis parler... « Un ordre est venu : vous attaquerez à quatre heures, devant vous. A quatre heures nous sommes montés; les mitrailleuses boches ont tiré; elles nous ont sonnés, et voilà. — Mais nos canons?... — Silence. Ah! pardon! Quelques obus de 90, mais dans notre dos... » Le caporal sourit en me disant cela. Évidemment cet homme n'est pas dupe. Mais la chance qu'il a eue d'être blessé, la certitude du bien-être imminent étouffent en lui toute force d'indignation... « Notre lieutenant, tenez! Il a pris la cisaille... et il est parti devant, tout seul, pour couper leurs barbelés. — A quatre heures après-midi? En plein jour? — Oui. Mais il y est resté »... [Quelques heures après] : « Pas de relève cette nuit : le 132e n'a pas accompli sa tâche; il reste au ravin jusqu'à nouvel ordre ». Cinq jours avant Genevoix était en ligne et notait ceci : « Toujours pareil, en effet. Toujours le même dogmatisme raide, la même fate confiance en soi, la même impuissance à se soumettre aux faits... Je rédige une note... je dis ce que je viens de voir, sèchement, mais sans rien omettre... et je sollicite sur un ton pressant, l'autorisation de tirer... Bah! Autant en emporte le vent... Là-bas, on sait mieux que nous ce qui se passe au ravin des Éparges. On a des plans, dressés à grand renfort de tire-lignes et de curvimètres, de vastes plans multicolores où des méandres rouges figurent les tranchées et les boyaux ennemis... On a des plans et des idées à quoi l'on tient. Vieilles idées; idées solides, et qui ont ceci d'admirable qu'elles asservissent le réel, que le réel doit accepter leur loi sous peine de ne plus être. Ma pauvre petite note! Pâle reflet d'un réel qui n'est pas orthodoxe, et à quoi l'or de mon unique galon ne saurait donner force de vivre! Résigne-toi, chef de section. Becquette et roupille, comme dit Pannechon; et laisse-toi « casser la gueule sans avoir cherché à comprendre » (p. 292).

Le 18 février 1915 le régiment de Genevoix est condamné à réparer sa faute, comme jadis le 132e; le brigadier téléphone furieux : « Tout était raté, par notre faute. Puisqu'il en était ainsi, nous allions *réparer* le jour même... Nous partirions à l'assaut, avec les mêmes objectifs, mais avec la résolution... de nous y tenir coûte que coûte (p. 572). Il y a des choses que le [brigadier] de l'autre côté du Montgirmont, ne peut pas savoir ni comprendre... Être le cerveau qui dirige... vouloir durement, quand même, coûte que coûte... Mais être là, tous ensemble, serrés sur les places vides des morts, et ne penser à rien, après avoir mangé, qu'à quelques gouttes d'eau fraîche au fond d'un bidon épuisé » (p. 574).

Dans la guerre en rase campagne et même quand les fronts sont à peu près fixés mais dépourvus de tranchées solidement organisées, les cas de panique sont fréquents. N'en déplaise aux matamores férus d'épopée qui ignorent tout de la psychologie de la bataille, les meilleures troupes sont sujettes à la panique. Ardant du Picq a magnifiquement analysé ce phénomène psychologique (3), Pinguet, qui est aussi un analyste et un psychologue, nous a décrit une panique de combat, le jour, une panique de nuit et une panique causée par le bombardement (4). Comme Pinguet, Genevoix nous présente trois cas et la description qu'il en fait est inimitable.

Le premier cas se produit de jour, pendant le combat à la Tranchée de Calonne le 24 septembre 1914 : « Bruit de galopade dans le layon... Ah! les cochons! Ils se sauvent! « Bien Morand! Bravo, petit! Arrête-les! Tiens bon! » Un de mes caporaux a bondi vers eux. Il en saisit un de chaque main... Mais soudain, poussant un juron, il roule à terre, les doigts vides : d'autres fuyards viennent de se ruer en tas; ils l'ont bousculé sauvagement, renversé, piétiné; puis d'un saut, ils ont plongé dans le fourré... « Tenez! tenez! En voilà d'autres! Mais ceux-là... faudra qu'i's m'crèvent avant d'passer ». Et il court, il se campe devant eux... si menaçant qu'il les arrête... Je leur dis : « Savez-vous ce qu'on fait aux lâches qui se débinent sous le feu? » L'un d'eux proteste : « Mais, mon lieutenant, on s'débine pas; on s'replie : c'est un ordre. Même que l'lieutenant est avec nous. — Le lieutenant? Où est-il, le lieutenant, menteur? » C'est vrai, pourtant : débouchant du taillis à la tête d'un groupe de fuyards, je vois trotter l'officier vers l'arrière. Et dans le même instant, il me faut courir au fossé où ça va mal : mes hommes s'agitent, soulevés par la panique dont le souffle irrésistible menace de les rouler soudain... « Restez au fossé! Surveillez la route ». Malheur! ce qu'ils voient par là, de l'autre côté de la route; ce sont des fuyards, des fuyards, toujours. Ils déboulent comme des lapins et filent d'un galop plié, avec des visages d'épouvante. Un sous-officier, là-bas. « Sergent! sergent! » L'homme se retourne; ses yeux accrochent le petit trou noir que braque vers lui le canon de mon revolver... Il arrive à moi. « Alors? » lui dis-je. D'une voix saccadée le sergent m'explique que tout son bataillon se replie, par ordre, parce que les munitions manquent... Galops fous; encore des paquets de fuyards qui nous arrivent dessus en trombe. Ces hommes puent la frousse contagieuse; et tous halètent des bouts de phrases, des lambeaux de mots à peine articulés. Mais qu'est-ce qu'ils crient? Ils ont le gosier noué; ça ne passe pas. « Les Boches... Boches... tournent... perdus... » (p. 92).

Le deuxième cas de panique se produit le 4 octobre 1914, par une nuit très sombre, dans une tranchée située à grande distance de l'ennemi, au plus épais du bois Loclont. « Un cri a vibré, très loin... « Aux armes! » Les tranchées françaises d'un bout à l'autre s'illuminent de lueurs brèves... C'est une fusillade désordonnée, haletante, qui trahit l'affolement des hommes... Je suis furieux. Rien d'énervant comme ces paniques soudaines qui soufflent en ouragan, la nuit, sur les lignés d'avant-postes, et qui embrasent des kilomètres de tranchées. Qu'est-ce qui s'est passé? Personne ne sait. Cet appel aux armes, tout à l'heure, qui l'a crié, et d'une telle voix que nous l'avons tous entendu? Pourquoi « aux armes »? Qui a commandé le feu? Personne n'a commandé; personne n'a crié; personne ne sait; personne ne comprend. Et tout le monde tire. Chaque soldat voit ses deux voisins qui épaulent leur fusil et pressent la détente : il a la tête pleine du bruit que font à ses oreilles tous les lebels de la tranchée. Il ne voit rien d'autre; il n'entend rien d'autre; et il tire, comme ses voisins. Il tire devant lui, n'importe où. Toutes ses idées coulent à la débâcle. A-t-il peur? Même pas. Il ne sait plus où il est; il a conscience seulement, que tout le monde tire autour de lui, qu'il se meut dans le bruit; et il agit comme il voit agir, en automate : il manœuvre la culasse, épaule, presse la détente, et recommence : il fait sa part de bruit. « Quand ça s'est déclenché dans l'autre demi-section, me dit Souesme [un sergent], j'ai mis le cap tout de suite. Mais j'avais beau hurler, je n'arrivais à calmer que les deux bonshommes qui me touchaient. Dès que j'allais à une autre place, ça recommençait à la place que je venais de lâcher. Les caporaux, les anciens, les bleus, tout ça brûlait des cartouches à qui mieux mieux. J'ai vu un caporal qui s'était assis au fond de la tranchée, le dos tourné à l'ennemi, et qui tirait par-dessus sa tête, derrière lui, en levant son flingue à bout de bras : dans la lune, quoi! C'est dégoûtant de perdre la boule comme ça. Et pourquoi, bon Dieu, pourquoi? Parce que deux ou trois pruneaux boches avaient tapé dans le parapet! Pas étonnant qu'ils s'énervent, pardi, les Boches! Nous les avons assez cherchés. Clac! Voilà les balles qui rappliquent en masse. Clac! Et allez donc! Sont-ils contents, maintenant, les affolés? Ils sont servis, tas de veaux! » De fait les Allemands nous répondent vigoureusement. Mais leur tir vaut le nôtre; aussi aveugle, aussi peu efficace. Cette panique de tir fut suivie d'une hallucination collective où les soldats voyaient dans chaque souche, chaque ombre, des Allemands qui approchaient à pas de loup. Un détail montre l'exactitude des moindres faits : ce caporal anonyme qui tire assis et au-dessus de sa tête, l'auteur, après mille quarante pages de récit intermédiaire, donnera son nom et rappellera cet incident.

Le troisième cas de panique se produit le 19 octobre 1914, au ravin des Éparges, par une nuit pluvieuse où les Allemands, énervés par une attaque, tirent beaucoup. « Qu'est-ce qu'il y a? — Mon lieutenant, mes hommes ne tiennent plus en place. Ils deviennent fous à rester dans leur coin sans bouger. J'en ai qui veulent charger droit devant eux; ils disent que ça dure trop longtemps, qu'il faut que ça finisse vite, qu'ils aiment mieux claquer tout de suite »... Je ne ris pas. Je regrette seulement de ne pouvoir distinguer les traits de Souesme : j'ai peur que lui aussi ne soit devenu fou. « Allons voir »... Je marche au long d'une tranchée qu'on dirait pleine de cadavres. Tous ces hommes sont la proie d'une hébétude tragique : il en est que je foule aux pieds, dans les ténèbres, sans qu'une exclamation ni un geste trahisse qu'ils sont vivants. D'autres au contraire, se dressent dans un sursaut, dès le toucher de ma main effleurant leur épaule; et ceux-là crient d'une voix changée, telle qu'on l'a au sortir des rêves : « Hon! Qu'est-ce que c'est? » Je leur réponds, m'efforçant de rire : « Eh bien! quoi, Transon, c'est moi, c'est ton lieutenant. Que diable fiches-tu là, Petitbru, le nez dans la boue? — Mais, mon lieutenant, dit l'homme, vous n'les entendez pas? Les v'là derrière nous. J'attends qu'ils soient là : qu'est-ce que vous voulez qu'on fasse, dans tout c'noir? On n'peut pas tirer. — On mettra baïonnette au canon. — Oui, on s'ra p't'être dix de reste quand i's nous tomberont d'ssus. — Dix de reste! Il n'y a pas un blessé à la section ». Petitbru se penche vers moi, comme s'il cherchait mes yeux dans l'épaisse nuit, et sur un ton de reproche : « Vous moquez pas de moi, mon lieutenant. On s'ra tous morts demain matin. C'est forcé. Entendez les balles... Oh! dit Petitbru, c'qu'il en passe! Qu'est-ce qu'il doit y avoir comme casse! — Mais non, mais non, tête de buse! Puisque je te dis que personne n'est touché! » Je distingue le geste las de l'homme; je me rends compte qu'il s'allonge dans la boue, reprenant la posture qu'il avait tout à l'heure; et je l'entends qui répète tandis que je m'éloigne : « C'est pas possible, pas possible, pas possible ». Et presque tous sont ainsi; presque tous, murés dans les ténèbres, collés au parapet fangeux, épuisés par la trop longue vibration de leurs nerfs, évoquent la mort éparse dans la nuit. Elle les hante; ils la voient qui rôde par les bois, qui approche, qui frappe autour d'eux, à leurs côtés; et ils courbent l'échine, ils cachent leur tête derrière leurs bras, dans l'attente du coup dont elle va les tuer bientôt. Une branche craque... une grande ombre surgit... en même temps que monte vers nous l'appel hésitant d'un homme égaré : « Y a-t-il de la 7e par ici? — C'est toi, Porchon? [le sous-lieutenant commandant la 7e] — Oui. Oh! mon vieux ». Il tombe auprès de moi... « J'ai voulu me rendre compte, dit-il. Je suis parti. Je ne savais pas. Je ne peux pas croire que je suis avec toi... Écoute : j'ai vu les corps à corps nocturnes de La Vaux-Marie... J'ai entendu... les gémissements des blessés perdus... Mais cette nuit est pire ». A l'aube les fantômes se dissipent et l'ordonnance de Genevoix lui dit : « Moi j'vous dis qu'j'en ai trop vu, que j'aime mieux n'pus vivre que d'revoir une seule nuit comme celle-là. C'est qu'on a tous été fous, c'te nuit; on est tombés plus bas qu'on aurait cru possible... (240-2) ».

Genevoix a un passage remarquable sur ces anecdotes qui plaisaient tant à Maurice Barrès, à Victor Giraud, à Charles Le Goffic, à tant d'autres, histoires héroïques comme le *Debout les morts!*, histoires pittoresques, colorées, romanesques, en somme tout ce qui peut constituer pour cette guerre une légende rivale de la *Légende de l'Aigle*. C'est le soir à la popote des officiers; quelqu'un raconte une anecdote, le fait se serait passé au premier bataillon : « L'histoire est bonne, dit le capitaine de la huitième. Elle mérite d'être vraie, si elle ne l'est pas. — Taisez-vous donc, Maignan! riposte le capitaine Rive [de la septième]. Une légende comme il en naît tous les jours, à la douzaine!... J'en sais qui les ont envoyées chez eux par poste. Gens étonnants! Il leur plaît, lorsqu'ils écrivent, de penser que leur lettre passera de mains en mains, qu'on la lira, qu'on la relira, qu'on la savourera. La guerre? Mais c'est très drôle! Mais c'est charmant! Vous vous en faites à l'arrière? Comme vous avez tort! Regardez-nous un peu, nous qui la faisons : toujours le sourire, malgré les balles et les marmites. Les marmites? Eh bien oui, ça fait du bruit. Les balles? C'est tout petit, ça ne se voit même pas. Et tant d'imprévu, de pittoresque... Ils racontent, ils racontent, une histoire après l'autre, toutes bien bonnes, meilleures, meilleures encore! Tout leur est bon, pourvu qu'ils racontent. On les croira. Ils le savent. ils en sont sûrs d'avance, et qu'on accueillera comme paroles d'Évangile leurs plus pauvres et détestables inventions. Alors ils en profitent, prenant à l'occasion des poses avantageuses, plastronnant d'un bout à l'autre des lettres qu'ils écrivent, au lieu de les écrire toutes simples, toutes franches, toutes vraies. Car il y a ceux-ci encore, les bourreurs de crâne à l'héroïsme fabriqué, les collectionneurs de prouesses plus qu'humaines, les cuisiniers d'épopée à l'usage de l'arrière. Ah! cette crédulité immense de l'arrière, et ce que ces gens lui jettent en pâture! Ces gens-là? Des maniaques du mensonge, des pitres malfaisants, et qui n'ont d'autre excuse que d'ignorer le mal dont ils sont responsables. — Oh! oh! Comme vous voilà monté! Mais enfin, voyons, de tels incidents ne sont pas impossibles! Il peut arriver que deux corvées d'eau... — Ah! sapristi, vous y tenez! Je le sais bien, parbleu, que ça peut arriver! Je vous accorde même, si vous voulez, que c'est en effet arrivé [deux corvées d'eau adverses se rencontrant à la même source, à Vaux-les-Palameix]. Du moins comprenez ce que j'ai voulu dire : que la guerre n'est pas une course à l'aventure, qu'il est absurde et injuste de la concevoir à travers des récits à panache, à travers des anecdotes héroïques ou simplement savoureuses, enjolivées à plaisir par des gens qui en avaient le temps, parce qu'ils ne se battaient pas. Je sais Maignan, quel homme vous êtes : un mousquetaire. A Cons-la-Granville, vous avez levé votre képi cérémonieusement, à la première balle qui vous sifflait près des oreilles. A Sommaisne, vous étiez debout sur la ligne de vos tirailleurs, et vous vous amusiez au nez des Boches, nonchalamment, à briser du bout de l'index le filet de fumée qui montait de votre pipe. [... et plus loin, les tirailleurs de la huitième. Derrière eux, un petit homme se promène debout, tranquille et nonchalant. Quel est ce téméraire? A la jumelle, je distingue la barbe dorée, la fumée bleue d'une pipe : c'est le capitaine Maignan. On m'avait déjà dit son attitude au feu. (p. 32)]. — Une balle boche, cette fois-là, vous a fendu la joue; la prochaine fois, un autre vous cassera la tête [quarante-cinq jours après, le capitaine fut tué aux Éparges, victime d'une de ses imprudences habituelles. — (p. 470). Mais sacrédié! puisque vos hommes sont couchés, contentez-vous donc de rester à genoux! C'est suffisant, croyez-moi. Mon pauvre ami, le temps n'est plus des mousquetaires, ni celui de la guerre en dentelles. Notre guerre à nous manque d'élégance. Elle est âpre; elle est sale; elle est laide. Et nous ne sommes pas des d'Artagnan ni des d'Auteroche, mais de simples braves gens qui essaient de faire tout leur devoir, leur pénible devoir de chaque jour et de chaque heure, sans forfanterie, sans gloriole, consciencieusement... Ce qui est dur, affreusement dur en de certaines heures, ce qu'il faut admirer sur toutes choses et sous peine d'être injuste, c'est le sacrifice tranquille et silencieux que ceux d'entre nous qui sentent et qui comprennent ont consenti de toute leur loyauté » (p. 210).

Genevoix n'a pas écrit contre la guerre de longues malédictions mais ses cinq volumes abondent en petites phrases qui ne laissent aucun doute sur ses sentiments. Il est rare qu'il s'exprime aussi longuement que dans ces pensées de Noël : « Pitié pour nos soldats qui sont morts! Pitié pour nous vivants qui étions auprès d'eux, pour nous qui nous battrons demain, nous qui mourrons, nous qui souffrirons dans nos chairs mutilées! Pitié pour nous, forçats de guerre qui n'avions pas voulu cela, pour nous tous qui étions des hommes, et qui désespérons de jamais le redevenir! (IV : p. 221) ». A l'attaque des Éparges il nous décrit les cadavres qui l'entourent, ceux de sa section, ceux de ces hommes que le lecteur a appris à connaître par leur nom dans les quatre premiers volumes. Et il termine ainsi cette revue de ses morts : « C'est beau, tout ça! Oh! c'est du propre... » (p. 597).

Genevoix a présenté le conflit des idées de l'arrière et des idées du front au sujet des opérations de la façon la plus naturelle et la plus pathétique. Le 12 janvier 1915 un jeune Saint-Cyrien arrive comme chef de section à la compagnie et il s'étonne des idées des anciens. « Pourtant il faudra bien en sortir de ces trous! S'installer dans des trous, s'y meubler, ça ne peut être une fin! — Je me le demande, dit Porchon, au train dont nous voilà partis. Vois-tu, mon vieux, il faudrait que tu connusses mieux la vie que nous avons vécue depuis trois mois, un piétinement sur place... Sortir des trous? C'est ce qu'on pense, là-bas, d'où tu viens. Mais nous... Tu verras là-haut dans nos tranchées des Éparges. Les Boches sont tout près, sur une grosse boursouflure de boue que nous appelons le piton : ça n'est pas très beau à voir... et c'est malsain, à cause des balles qui en partent... D'un séjour à l'autre, les chevaux de frise se sont multipliés, les piquets ont serré leurs rangs, les fils de fer ont grossi, de plus en plus hargneux et barbelés. Si bien que... nous avons fini par ne plus accueillir certaines pensées... désagréables... Dame! qu'on veuille bien se mettre à notre place (p. 503) ». Le *cyrard* venu du dépôt est atterré par ces paroles peu héroïques du *cyrard* au front depuis le début. Se trouvant seul avec Genevoix il lui demande :

« Alors, c'est vrai, reprend la voix timide, vous croyez tous, vous croyez sincèrement ce que vous m'avez dit? »... Je ne réponds rien et Rebière achève avec une angoisse puérile : « Mais c'est un état d'esprit déplorable! » (p. 506). Quarante-et-un jours après, au cinquième jour de l'attaque des Éparges, Porchon tué la veille, le capitaine demande au jeune *cyrard* : « Eh bien, a-t-il murmuré, qu'est-ce que vous pensez de tout ça? » Alors Rebière : « Mon capitaine... Oh! je vous en prie... » (p. 599).

Il faut avouer que *tout ça* — les cinq jours passés sur le piton, le premier pour l'attaque, les quatre autres pour subir les contre-attaques et le bombardement — que l'auteur raconte en 52 pages (p. 550-602), produit à la lecture un effet d'horreur indicible. Je désespère d'en donner une idée, c'est trop long, et chaque page est un chef-d'œuvre de reconstitution de ce que tant de soldats écrivains ont déclaré impossible à raconter. Cet impossible-là, Genevoix l'a réalisé, plus complètement, plus objectivement que personne. Il l'a fait avec une retenue, une simplicité, une clarté qui confondent quand on en conçoit la difficulté. L'auteur s'est bien persuadé que l'horreur d'une telle scène est bien assez puissante telle qu'elle est; que toute exagération, toute note forcée, tout style apocalyptique ne peuvent qu'affaiblir l'effet de la réalité. Ces 52 pages nous en apprennent plus sur les quatre ans de guerre que tous les mémoires, toutes les histoires, toutes les études stratégiques ne nous en apprennent sur les guerres de Napoléon. Si seulement on pouvait lire une fois par an ces 52 pages devant tous les élèves assemblés, dans chaque école primaire de France et d'Allemagne, on obtiendrait de meilleurs résultats en faveur du maintien de la paix que par tous les moyens de propagande coûteuse employés jusqu'à ce jour. Propagande coûteuse et — il faut bien l'avouer — tendancieuse, ce qui est une source de faiblesse.

Qu'est-ce que l'avenir pensera de cette prodigieuse Pentalogie des Éparges que notre époque ignore ou feint d'ignorer? Je m'en doute bien. Le temps efface bien des réputations; celles qui sont fondées sur le *lancement*, le mot d'ordre des critiques, la mode du jour, ne lui résistent guère. Par contre, le temps crée des réputations : l'homme qui a fait œuvre utile, qui a servi la vérité, qui a témoigné pour sa génération avec désintéressement et avec talent, cet homme, l'avenir en a besoin et il le trouvera et il s'abîmera dans la lecture de son œuvre. L'avenir voudra savoir et dans sa recherche des sources il sera guidé par des motifs bien différents de ceux qui expliquent la vogue d'un écrivain du jour. Mais il aura la naïveté de s'étonner que notre génération se soit trompée dans ses admirations littéraires, comme nous nous étonnons que Jean-Baptiste Rousseau fût un moment le plus grand écrivain de son temps.

L'avenir se demandera par quelle aberration la génération qui a vu la guerre de 1914 n'a pas su distinguer dans son sein le plus grand peintre de cette guerre (5).

1. Jean Norton-Cru est né à Labatie d'Andaure (Ardèche) le 9-9-1879 d'un père pasteur et d'une mère anglaise.

Après 3 ans de service militaire il étudie l'anglais et devient professeur à l'école primaire supérieure d'Aubénas, puis s'expatrie et commence une carrière d'universitaire à Williamstown, dans l'Est des Etats-Unis. Il rentre en France à la déclaration de guerre. A la mi-octobre 1914 il rejoint le front dans le secteur de Saint-Mihiel. Il mènera la vie de tranchée jusqu'au 1er février 1917, date à laquelle il est nommé interprète de l'Armée britannique puis il est envoyé en mission aux États-Unis.

Démobilisé en 1919 il entreprend sa grande œuvre par fidélité à ceux du front, à leurs souffrances, à la vérité sur la guerre. Dès novembre 1916 il avait découvert la qualité de Genevoix et il signale à sa famille *le sous Verdun* qu'il qualifie de : « Livre admirable (...) voir, tout est là, écrit-il, et ce jeune normalien a vu (...) ».

Témoins, livre fondamental paraît en 1929 à compte d'auteur et il soulève autant de passions enthousiastes que de vives critiques. C'est de cet énorme travail de 728 pages que nous détachons le passage consacré à Genevoix que nous publions ici. Afin d'en faciliter la lecture nous avons simplement adapté les références des pages à l'édition définitive de *Ceux de 14* (1950, Flammarion 672 pages).

Jean Norton-Cru est mort en 1949 alors qu'il préparait une seconde édition de son ouvrage. Souhaitons vivement ici que cette réédition puisse voir le jour. Le fonds Norton-Cru se trouve actuellement à l'Université d'Aix en Provence. (N.D.E.).

2. *Cf.* Lintier, *Ma pièce* (avec une batterie de 75). 1916. 284 pages.

3. A. du Picq revient sans cesse sur ce sujet; par exemple : « En guerre, lorsque la terreur nous a pris, et l'expérience montre qu'elle nous prend souvent... etc. » *Études* p. 117.

4. *Cf. Pinguet (Jean) Trois étapes de la brigade des marins* . 1918, 176 pages.

5. Il y a maintenant un demi-siècle que Jean Norton-Cru a écrit ces lignes prémonitoires. Il avait vu juste quant à l'apport de Genevoix non seulement dans l'ordre de la qualité littéraire mais surtout au plan du témoin de la guerre. Mais nous savons maintenant — en 1980 — que son inquiétude quant à la place de Genevoix aura été — heureusement — vaine! L'auteur de *Ceux de 14* a été hautement reconnu par les générations du feu et leurs fils qui veulent savoir et comprendre. (N.D.E.).

L'individu et le groupe dans *Ceux de 14* de Maurice Genevoix

par Léon RIEGEL

Professeur à l'Université de l'Océan Indien

Au début du mois d'août, en 1914, l'Europe lance dans la vie militaire une foule de civils aussi mal préparés physiquement que moralement à subir l'épreuve d'une guerre dont la longueur et les conditions sont une surprise pour tous. Le mâle allemand, anglais, français se trouve subitement confronté avec un phénomène qui l'embrasse tout entier, corps et esprit, contrôle ses réactions, ses mouvements et ses pensées, cerne dans d'étroites limites sa liberté et enserre son imagination créatrice dans un carcan stérilisant. Quelle que soit sa nationalité, le soldat hâtivement fabriqué à partir de ce civil réagit le plus souvent à l'intérieur d'une gamme restreinte de sentiments comportant à ses extrêmes le fatalisme exprimé par le simple : « *c'est la guerre* », et la révolte de l'individu dressé contre l'arbitraire presque total d'un conflit de masse hautement mécanisé. L'homme harassé par des efforts gigantesques, des corvées interminables, les souffrances dues au froid, à l'humidité, à la chaleur, à la faim, parfois à la soif, par le danger aussi, cet homme voit ses particularités graduellement gommées. Ses traits saillants s'estompent, son individualité s'efface. La masse haillonneuse et sale qui gîte dans les terriers plus ou moins bien aménagés du front et des arrières immédiats se mue peu à peu en une foule grise que seule la forme de la coiffure parvient à partager entre amis et ennemis. L'anonymat qui s'abat sur l'immense scène du front confère à ce drame aux millions d'acteurs un aspect parfois quelque peu abstrait pour ceux qui ne l'ont pas vécu réellement. La chair qui s'appelle indifféremment François, Karl, Andrew, Maurice, Tom ou Ernst n'émeut qu'en fonction de son degré d'incarnation en un personnage individualisé. Il touche la sensibilité du lecteur contemporain dans la mesure où l'auteur transmet un témoignage certes vécu par une multitude mais passé au crible d'un art personnel exigeant. La tension qui résulte de ce couple de forces est la marque de l'œuvre guerrière de Maurice Genevoix, *Ceux de 14* (1).

**
*

Genevoix a 23 ans quand éclate la crise consécutive au double assassinat de Sarajevo. Élève de l'École normale supérieure, il semble promis à une brillante carrière d'enseignant. Formé aux disciplines littéraires classiques, il ne peut qu'être pourvu d'un robuste individualisme à la française et son embrigadement au 106e régiment d'infanterie comme sous-lieutenant aurait pu lui poser de sérieux problèmes psychologiques. Mais c'eût été compter sans son vigoureux patriotisme. En chef de section responsable, il s'efforce d'emblée de donner une âme collective à son groupe, à lui insuffler sa propre ardeur dans l'accomplissement du devoir national.

Le début des hostilités, plus spécialement la bataille de la Marne à laquelle il participe, était indubitablement favorable à l'expression du sang-froid personnel face à une situation grosse de risques. L'esprit d'initiative, le maintien d'une troupe dans une stricte discipline, le goût de l'action d'éclat ont, à de maintes reprises, donné l'occasion à des chefs de petites ou grandes unités de faire valoir leurs qualités de caractère et d'intelligence. Par contre, l'enfoncement dans les tranchées résultant de la stabilisation du front occidental, à partir d'octobre, modifie radicalement les conditions du combat et de la vie en campagne. Les unités, rapidement assemblées en août vont s'agglomérer, se lier d'une camaraderie née des épuisants travaux de terrassement, des interminables corvées pour acheminer les matériaux, des combats aussi sur un champ dorénavant presque toujours restreint.

Dans sa relation romanesque des événements, Genevoix passe insensiblement du « je » au « nous ». Du récit tant soit peu narcissique il parvient par moments au compte rendu objectif d'où la personnalité de l'auteur se retire. Le jeudi 10 septembre 1914, il nous raconte comment sa section s'oppose à une des nombreuses contre-attaques déclenchées par les Allemands en coup d'arrêt de la poursuite française. La plupart des paragraphes commencent par le pronom de la première personne :
« Je donne l'ordre à pleine voix. Je crie...
Je pousse les hommes qui hésitent

J'ai cru entendre...
Je me suis mis à courir vers les chasseurs...
Je suis entouré...
J'ai buté (2). »

Peu à peu cependant le pluriel se substitue au singulier. Le jeune chef se rend compte qu'il n'est qu'un catalyseur dans un processus général. Vivant jour et nuit en une communauté étroite avec ses hommes, son identité se fond dans celle de sa section. Par la suite l'écrivain ne renonce certes pas complètement à s'exprimer en son nom personnel, mais son mode d'expression favori devient graduellement pluriel. À la date du 28 septembre, il écrit :

« Quand passerons-nous? Voici octobre, et bientôt les brouillards, les pluies. Si nous voulons durer, il faudra que nous creusions, nous aussi, que nous apprenions à nous abriter sous des toits de branches serrées... (3). »

L'individu se retire derrière le groupe, s'y fond non pour s'y diluer mais pour donner une voix à la communauté.

La communauté c'est d'abord simplement la vie quotidienne où officiers subalternes et hommes de troupe vivent côte à côte, dans les mêmes abris, les mêmes « cagnas », de la même « soupe », apportée chaude ou froide par les cuistots ou la corvée. Au cantonnement les cadres sont parfois un peu mieux logés et nourris, mais le sens pratique (le système « D »!) des hommes supplée souvent avantageusement aux déficiences de l'Intendance. Genevoix a su parfaitement reproduire cette atmosphère rustique d'une société exclusivement composée de mâles où les moments de tension extrême sont suivis par des instants de détente profonde. C'est cet équilibre essentiel qui donne à *Ceux de 14* sa tonalité d'authenticité, peut-être parce que son auteur était une personnalité équilibrée mais surtout, pensons-nous, parce que le sens de l'humain passe chez Genevoix par ce choix conscient de la diversité des voies et des moyens. Il n'est pas vrai, comme le veut Barbusse *(Le Feu)*, que la vie au front soit de bout en bout un calvaire pour le soldat. Il est faux de prétendre, comme le fait Plievier *(Les Coolies du Kaiser)*, que les rapports entre troupe et cadres soient invariablement ceux d'esclaves à maîtres. Il est inexact de présenter les « bons » soldats comme des automates sanguinaires et insensibles, comme le voudrait John Dos Passos *(Trois Soldats)*. L'existence rude dans les tranchées et dans les zones de repos comporte ses gaietés, ses bonnes surprises et ses consolations. Malgré la stricte retenue des mémoires de Genevoix, le lyrisme a sa place dans cette œuvre : c'est invariablement à propos d'un bonheur inespéré qu'il se manifeste :

« — Et nous avons un lit! Avec le matelas et l'édredon! Nous entrons dans cette tiédeur. Par terre, nos quatre souliers vides bâillent de la tige avec des allures avachies. Enfouie dans un monceau de paille amenée de la grange à brassées, « la liaison » s'est endormie et nous berce de ses ronflements confondus. Et nous nous endormons, à notre tour, repus, le corps à l'aise, les pieds dégainés, dans une puissante odeur de graillon, de tabac et de bête humaine » (4).

Lors d'un passage difficile à terrain découvert, un homme de la section particulièrement gros reste embourbé dans un marécage et ce n'est qu'après un « repêchage » qui déclenche un « ouragan » de rires qu'il sort du bourbier. Mais à tout moment la scène comique peut tourner au drame, car l'endroit en question est exposé au tir direct des Allemands retranchés sur un point dominant ce bas-fond (5).

La guerre chantée par Genevoix se présente souvent comme une anti-épopée : les hommes qu'il commande ne sont ni des anges, ni des héros, ni des saints :

« Je sais que celui-ci est un lâche, et celui-ci une brute, et celui-ci un ivrogne. Je sais que le soir de Sommaisne, Douce a volé une gorgée d'eau à son ami agonisant; que Faou a giflé une vieille femme parce qu'elle lui refusait des œufs; que Chaffard, sur le champ de bataille d'Arrancy, a brisé à coups de crosse le crâne d'un blessé allemand (6). »

N'est-ce pas cela, la connaissance des hommes? Les voir sous tous leurs aspects, les bons, les moins bons, les franchement mauvais. Et n'est-ce pas le miracle de cette communauté de forçats qu'une volonté collective l'électrice? Que cet abattoir à grande échelle soit une école d'héroïsme, d'endurance et de générosité? C'est un sentiment qu'un auteur anglophone, Frédéric Manning exprime parfaitement dans une des meilleures œuvres issues du conflit, *Her Privates We*, malheureusement jamais traduite en français, où l'auteur médite sur l'entrain qui jette les hommes dans une action où les dangers sont innombrables :

« Il était très curieux de voir comment cette nouvelle les touchait; des amis se rassemblaient et en parlaient de leur point de vue personnel, mais la chose extraordinaire était le commun élan qui les saisit et qui se renforça au point que toute anxiété ou réticence personnelle fut balayée par lui. Une sorte d'enthousiasme tranquille et retenu parce qu'il était conscient de tout ce qu'il risquait, les envahit comme un incendie ou une inondation (7). »

Certes Martin, le mineur « chtimi », Vauthier, le grand laboureur, Viollet, le maçon, dans *Ceux de 14*, ne sont pas des surhommes, pas plus que le petit sous-lieutenant Genevoix. Mais d'avoir vu naître dans cet amalgame disparate une entente fraternelle, de cueillir dans les yeux les uns des autres cet assentiment du sacrifice, cette confiance réciproque, est une expérience humaine que rien d'autre ne peut suppléer.

Même quand le feu d'une mouvante bataille victorieuse s'est éteint au profit d'une suite de guet-apens sordides et de bombardements anonymes, sous le sempiternel crachin et dans la boue immonde, le sentiment d'accomplir un travail commun et une mission à l'échelle du pays dilate d'orgueil le cœur du jeune écrivain. Dans les poignants moments où le chef rassemble ce qui reste de sa troupe après une attaque et où il fait le bilan — 21 hommes sur les 70 (8) de sa section, 80 sur les 220 de sa compagnie (9) après une action aux Éparges — quelle tristesse mais quelle fierté aussi d'appartenir à un groupe d'hommes capables de vivre, de sourire, de renouer les traditions après un tel massacre. C'est alors qu'on a l'impression de faire partie d'un ensemble qui n'est pas qu'un troupeau humain uni par les mêmes appétits.

Dans ces moments de souffrance extrême, l'individu se révèle si entièrement que Genevoix ressent quelque scrupule à violer l'intimité ombrageuse de ses frères d'armes; d'autant plus que, s'il a recherché leur confiance, il a senti que, dans ce mouvement vers ses hommes, lui-même livre son âme à nu. Entre les deux lignes de force dirigées vers l'infini que sont notre moi et l'identité des autres, y a-t-il jamais un point de jonction? N'est-ce pas une entreprise démente de vouloir faire se rejoindre ces parallèles? Il semble bien que la guerre lâche dans l'homme un agrégat irrationnel de passions tournées vers la violence; cette dernière peut pourtant donner naissance à une surpuissance de la volonté qui se sublime en un sentiment non personnel du groupe. On assiste en somme à la renaissance sur le mode laïc du mythe de la communion des saints. Une communauté humaine se compose de vivants et de morts : un courant de force passe des uns aux autres; une même souffrance est ressentie chez tous par le truchement de chacun. La mort de quelques individus ne les retranche pas du groupe : elle les fait simplement passer à un mode d'être différent.

Cette découverte ontologique surprend Genevoix comme une épiphanie au deuxième jour de l'attaque aux Éparges, donc le 17 février 1915, et voici en quels termes il l'exprime :

« ... Je les vois, amassés dans les creux de la terre, serrés les uns contre les autres, ne faisant plus qu'un seul grand corps déjà blessé, déjà saignant de mutilations aveuglantes, de Grondin, de Transon, de Mémasse, de Troubat, de tous les autres dont je n'ai pas vu la mort, mais dont je sens la place laissée vide, le trou resté béant depuis qu'ils ne sont plus là... Ils mangent lentement, repliés sur leur force profonde, toutes ces forces d'hommes mystérieusement mêlées en *notre* force, qui est là. Je ne la soupçonnais pas, je ne pouvais pas. Maintenant je la pressens; elle se révèle à moi avec une grande et mélancolique majesté (10) ».

Genevoix constate qu'en dernier ressort la force morale des hommes transcende la puissance du matériel destiné à la détruire. Il revient là aussi à un concept religieux, celui du martyre qui est l'adhésion à une croyance par-delà la torture et la mort; en d'autres mots, l'assertion d'un choix face à l'arbitraire d'une force annihilante ou encore la victoire de la liberté spirituelle opposée à la volonté de domination physique. Toujours, cependant, cette affirmation est un mouvement d'ensemble possible seulement du fait de la cohésion des unités d'un même groupe. C'est pour cette raison que Genevoix, comme beaucoup d'autres auteurs de guerre, distingue nettement les sentiments de camaraderie et d'amitié, ce dernier ressortissant à un mouvement de l'âme individuelle. Cela explique la réaction de notre écrivain lorsqu'il apprend la mort de son ami Porchon : sentiment de l'absurde, volonté de suicide, « une froideur dure, une indifférence desséchée, pareille à une contracture de l'âme (11) ». Il est symptomatique qu'à cette occasion Genevoix revienne au « je ». Il sent, et il nous fait sentir, que cette amitié entre lui et le « Cyrard » était, dans le contexte guerrier, une sorte d'exception, une parenthèse, un scandale, au sens biblique. Bref, l'amitié dans une guerre moderne est un luxe moral que l'on n'a plus le droit de cultiver. C'était bon au temps des chevaliers Rolland, Olivier ou du roi Jean. Mis à part certains duels aériens où les adversaires s'affrontaient en une espèce de tournoi à armes égales, le combat singulier a vécu. Avec l'avènement de l'artillerie et son utilisation sur une grande échelle à partir de 1914, la bataille est devenue un événement collectif ou l'entr'aide amicale a quelque chose d'anachronique. Avec la guerre mécanisée, on oppose tant de « pions » à tant d'autres, tant de régiments à tant de bataillons, etc. en essayant de se créer localement une supériorité telle qu'elle brisera le front en un point précis qui doit devenir la brèche. C'est à cette dure réalité que Genevoix aboutit à l'occasion de la mort de son ami. Ce sursaut d'individualisme est pour ainsi dire sanctionné par l'éclatement d'un obus de 210 qui manque de tuer l'écrivain : au-delà de l'étourdissement momentané dû à la déflagration, l'engin lui rappelle qu'il n'est plus temps de s'épancher sur le cas individuel de deux bons amis séparés par la mort de l'un d'eux. Les hommes ont besoin de leur commandant de compagnie; le commandant du bataillon a besoin d'un officier encore valide pour une reconnaissance du secteur. Ainsi va la guerre. L'ego n'est plus de mise.

Lors de l'offensive de février 1915, aux Éparges, l'horreur atteint des sommets qu'à la première occasion Genevoix transcrit pour ne rien oublier. Cependant comme il le fait sous forme de lettre, beaucoup de points de suspension s'interposent entre ses souvenirs et la relation écrite des images vécues.

« J'ai été, pendant quatre jours, souillé de terre, de sang, de cervelle. J'ai reçu à travers la figure des paquets d'entrailles, et sur la main une langue, à quoi l'arrière-gorge pendait... (12). »

Il est des détails qui dépassent les ressources du langage. Au paroxysme de l'attaque, la lassitude et l'épouvante sont telles que tout s'abolit dans la conscience de l'auteur : le temps et l'espace se mêlent en « une chaîne d'instants informe... que rien ne mesure (13) ». Les survivants du peloton de Genevoix sont les naufragés hagards d'un cataclysme vociférant, à moitié assommés par la glaise à laquelle ils s'accrochent, comme si la démarcation entre les morts et les vivants était effacée. L'esprit de l'écrivain est tellement secoué de bruits, de chocs, de deuils que son identité même se dilue en une incohérence syntaxique où les formes impersonnelles, les pronoms personnels « je », « nous », « on », « tu », se bousculent en une procession d'interrogations et d'interjections qui ne rend que faiblement, cela se sent bien au halètement de la forme, le tohu-bohu de ces journées dantesques. L'individu éprouve visiblement des difficultés à retrouver son intégrité. De refuge salutaire le groupe se change volontiers en prison tyrannique. Ce ne sera pas le moindre des problèmes rencontrés par le soldat démobilisé de dégager son ego de cette gangue de grégarisme.

Une étude sommaire de l'emploi des pronoms personnels dans *Ceux de 14* révèle chez l'auteur un changement d'attitude très sensible, surtout si l'on considère que ces mémoires s'étendent sur une période relativement courte, du 25 août 1914 au 25 avril 1915 c'est-à-dire huit mois exactement. Ce changement est le signe d'une prise de conscience rapide des nouvelles conditions de la guerre, radicalement différentes de ce que stratèges et penseurs militaires avaient prévu. Il manifeste surtout une remarquable faculté d'adaptation chez un homme que rien ne prédisposait à jouer un rôle dans le cadre militaire étranger à sa formation universitaire. Mais c'est dans la douleur et la tristesse que s'est joué ce passage du personnel vers le collectif. Il faut savoir gré à Maurice Genevoix d'avoir su exprimer cette mutation dramatique avec art et retenue.

1. Les références à cette œuvre renvoient à l'édition de 1950 parue chez Flammarion en un volume rassemblant la tétralogie primitive : *Sous Verdun, Nuits de Guerre, La Boue, Les Éparges.*
2. *Ceux de 14*, p. 41 et sq. Ces six débuts de paragraphe s'étendent sur 17 lignes de texte.
3. *Ibid.* p. 118.
4. *Ibid.* p. 109.
5. *Ibid.* p. 286-7.
6. *Ibid.* p. 466-7.

7. F. Manning, *Her Privates We*, p. 255, Ed. Peter Davies, première publication en 1930 sous le pseudonyme de : Private 19022. L'écrivain, Frédéric Manning, est d'origine australienne. Traduction de l'auteur.

8. *Ceux de 14*, p. 54.

9. *Ibid.* p. 611.

10. *Ibid.* p. 580.

11.

12. *Ibid.* p. 614.

13. *Ibid.* p. 591.

Des grandes manœuvres
à l'expérience tragique

(Introduction à la guerre dans *Ceux de 14*)

par Gérard CANINI

Agrégé de l'Université

Cette plongée dans la guerre — pour *Genevoix* — peut être ramassée en quelques jours et cinquante pages au début de *Ceux de 14*(1); très exactement pendant l'épisode de la fin de la retraite et la bataille de la Marne où le 106ᵉ R. I. fut engagé en Meuse. Trois aspects fondamentaux caractérisent cette approche de la guerre :
— l'impression de grandes manœuvres où l'auteur éprouve une intense curiosité,
— l'apprentissage et la découverte de la guerre,
— l'expérience tragique, la mort donnée et ressentie.

Fin août 1914. La bataille des frontières a creusé des vides dans les régiments. Le 106ᵉ R. I. engagé avec le 6ᵉ C. A. (3ᵉ Armée) dans les affrontements sanglants d'Ethe, Virton, etc. — reçoit des renforts venant des dépôts. Le 25 août, pendant que les divisions retraitent en Lorraine sous la pesante chaleur d'un été orageux, Genevoix rejoint les armées. Le départ de Châlons est soudain et il est accueilli avec allégresse. Impatience d'en découdre? De rompre un séjour en caserne pourtant bref? Ignorance surtout de ce qui se passe là-bas au feu; à laquelle se mêle l'enthousiasme de la mobilisation qui, fin août, n'a pas encore fléchi; persistance enfin dans l'idée de la certitude d'une guerre courte? Bref, la nouvelle du départ éclate : « comme un coup de tonnerre (...) ». Joie donc de partir; impatience de la découverte, vitalité de la jeunesse : « je vais à la guerre, j'y serai demain » (p. 12). Et tout semble se passer d'abord comme pour de rituelles grandes manœuvres d'automne. Les transports militaires déversent les troupes déjà fatiguées par l'insomnie blafarde des nuits de train. Débarquement en Meuse, à la gare de Charny, à quelques kilomètres au nord de Verdun.

Atmosphère des grandes manœuvres où ne manquent même pas les erreurs cocasses et le strict respect du réglement en campagne (et au 106e en 1912 par exemple sous l'autorité du colonel Maistre, la discipline n'était pas un vain mot). Ici une troupe — trompée par les inquiétantes silhouettes de javelles — se déploie en tirailleurs, là un chef de détachement qui conduit les renforts refuse d'abandonner les faisceaux et laisse les hommes, sous une pluie battante, à quelques pas de granges vides et accueillantes. Ailleurs ce sont les bruyantes retrouvailles quand les réservistes retrouvent les bataillons qu'ils viennent renforcer : « c'est un beau charivari! Bonjours qu'on s'envoie de loin, exclamations de joie (...) » (p. 17).

Toute une sincère allégresse éclate : visages connus et rassurants que l'on replace dans son horizon familier, même si les nouvelles échangées font état de notions nouvelles : tués, blessés, évacués! vocabulaire de guerre réelle!

Mais l'ensemble reste la vie d'un régiment à pantalons rouges qui semble jouer encore à faire la guerre. Les déplacements paraissent lents, indécis; les étapes : « longues, molles, hésitantes, errantes de gens qui ont perdu leur chemin... » (p. 16). Étapes coupées des pauses réglementaires, après quoi le régiment continue cette marche irrégulière : « le régiment dévale (...) Nous nous hissons (...) » (p. 19). Le choix des termes, à lui seul, évoque ce pesant déplacement des 3 000 hommes, écrasés de chaleur et surtout de fatigue à travers les courtes dénivellations de la campagne meusienne. Marche, chaleur et poussière. Aspect de grandes manœuvres encore que cette étape à Fleury-sur-Aire — le 4 septembre — où les soldats font toilette : « Les hommes barbotent (...) on se lave dans l'Aire (...) » Déjeuner gai à l'ombre des saules (...) (p. 29). Ailleurs, c'est encore un spectacle de franche détente : « c'est la ripaille dans ce gros village qui n'a pas vu de troupes encore (...) les hommes s'empiffrent. Il y a longtemps qu'ils n'ont bu de vin; ils en ont et en abusent (...) » (p. 29). Et le paysage est si peu guerrier : « nouvelle étape au soleil : il y a là des gendarmes, des forestiers, des autos à fanions, des autobus du ravitaillement : tout cela sent l'arrière en plein » (p. 27).

On n'en est pas encore à la tenue constante des positions installées; le vendredi 28 août, les tranchées sont creusées, mais le soir la troupe rentre cantonner au village. Tout au plus le lendemain « nous distinguons les détonations des batteries plus proches (...) » « et comme les obus allemands éclatent à un kilomètre du village, le cantonnement d'alerte est pris » (p. 20).

Dans le même temps les visages se précisent. Le 106e, ce lourd et long serpent d'hommes en bleu et rouge, chargés de « l'as de carreau », visages en sueur, quêtant la fontaine, l'ombre, se dégage de l'anonymat du récit. Genevoix est affecté à la 7e compagnie (2e bataillon). La petite cellule humaine où il va désormais vivre sa guerre se définit. Le capitaine Rive commande la 7e; et « il y a aussi un Saint-Maixentais, jeune et plein d'allant, sous-lieutenant (...) » et surtout : « un élève de Saint Cyr, qui arrive du dépôt, frais galonné (...) » (p. 17). C'est l'ami, c'est Robert Porchon, qui sera tué aux Éparges le 20 février 1915. Mais la guerre n'est pas encore matière à souvenir. Et les capitaines, aux heures de repos, puisant leurs reminiscences dans les séjours coloniaux « se racontent des anecdotes du Maroc (...) » (p. 18).

Où est la prise de conscience de la brutale réalité?

Ce n'est pas pour tout de suite. Si la guerre se rapproche, se précise, l'environnement reste ambigü, trompeur. Il fait beau soleil le 30 août dans le bois de Septsarges : « la sieste recommence (...), nous trainaillons (...) » (p. 21). Et, pour les tours de veille, Genevoix avoue qu'il n'a pas encore l'habitude des nuits de plein air dans les « guitounes »...

*
* *

Mais tout cela n'est qu'attente, apparence trompeuse. Car le drame est là : « je sentais peser une menace (...) », menace contenue dans cette nervosité qui secoue parfois les hommes : « il y a de l'anxiété dans l'air (...) », menace comme définie par cette atmosphère étouffante de chaleur d'un été trop lourd. Et la découverte de la guerre s'impose.

C'est d'abord une image fixe, lointaine : « Des cavaliers en vedette observaient — inlassables (...) » (p. 26) et c'est ensuite un grondement qui se rapproche. L'artillerie révèle la puissance du feu. A travers cette approche nouvelle de l'événement c'est l'apprentissage qui commence. D'ailleurs l'accueil de son commandant de compagnie l'avait bien précisé à Genevoix : « alors jeune homme, vous allez faire votre apprentissage? Bonne école vous verrez! Bonne école (...) » Apprentissage qui se poursuit en marche en direction de Bar-le-Duc où les repères sur cette route de la retraite sont de minces cours d'eau qui sont autant de barrages sommaires contre un ennemi encore invisible mais que l'on devine de plus en plus proche. Apprentissage ponctué de rencontres

avec le bruit de la guerre : découverte du feu des batteries françaises :
« les obus recommencent à siffler (...) il y a une batterie sur la crête en
arrière; c'est elle qui ouvre le feu (...), nous sommes tous collés au fond
de la tranchée (...) » (p. 23),
mais aussi des batteries allemandes; et la rencontre inquiétante : « La
bataille crépite en avant de nous (...), mes hommes s'agitent et
s'ébrouent (...), deux schrapnells éclatent presque sur ma tranchée (...) »
(p. 21).
Nous sommes toujours pendant la retraite, mais déjà la perception des
événements se modifie et glisse vers un sens plus tragique. Au cours de
ce premier contact avec le feu, Genevoix « découvre l'expression angois-
sée d'un de ses hommes ». Et cette vision lui reste d'autant plus
nettement qu'elle est accompagnée d'une autre :
« Nous avons vu passer des blessés; des fuyards (...) un réserviste s'affole
(...) » (p. 21).
De ce noviciat la plongée dans la dure réalité va être rapide et non sans
qu'une dernière éclaircie, qu'un léger sursis n'interviennent et permettent, grâce aussi à l'étonnante faculté de récupération de la jeunesse
(non seulement Genevoix a 23 ans, mais c'est un véritable athlète qui au
cours de son séjour de trois mois au bataillon de Joinville (2) avait
développé d'excellentes aptitudes physiques) : « quelques heures de
sommeil dans le foin me valent un réveil presque gai (...) » (p. 27), bref
repos qui redonne la primauté à la force de l'esprit. A Rembercourt-
aux-Pots, le 5 septembre, où l'auteur admire « la belle église du
XVIᵉ siècle, « un peu lourde, un peu trop ornementée (...) » (p. 28) il
éprouve un ultime moment de paix avant l'épreuve décisive et une
communion totale avec la nature dont il tire ses forces vives et à
laquelle il sera fidèle toute sa vie. Genevoix prend le temps d'admirer
un « soleil couchant, très beau, très apaisant ». L'apprentissage se termine
et l'aube du 6 septembre marque l'entrée dans l'action. Cela commence
par une souffrance simple et banale : l'attente (donc indécision, anxiété,
inquiétude, ignorance) dans le froid de l'aube de cet été 1914 finissant
comme finissent — avec cette guerre qui commence — une Europe et
un temps.
« 1 h 30 du matin (...) sacs à terre. Il fait froid. Immobilité grelottante.
Les minutes sont longues. (...) Je ne vois autour de moi que des visages
pâlis et fatigués (...) » (p. 29).
Attente si longue qu'elle provoque le désir ardent de l'acte afin que
cesse l'épreuve nerveuse.
« Onze heures : c'est notre tour.
Déploiement en tirailleurs tout de suite (...) » (p. 30).
En même temps se produit la distanciation de l'homme face à l'acte

lui-même. Genevoix — qui entre à ce moment précis (6 septembre) dans la bataille de la Marne — fait, pour la première fois, l'expérience du feu et pour lui elle se double — et pour la première fois aussi — de l'acte responsable du chef. Il est dans l'action, mais il est aussi à côté, ou si l'on veut, au-dessus de l'action — j'entends : au niveau de sa section qu'il observe et doit diriger car il en est — au sens total du mot — : responsable.

« Je regarde avec une curiosité presque détachée les lignes de tirailleurs bleues et rouges (...) je me répète, avec une espèce de fierté : j'y suis! j'y suis! » (p. 30).

Et le chef puise dans cet acte toute une vitalité :

« (...) monte en moi une excitation. Je me sens vivre dans tous ces hommes qu'un geste de moi pousse en avant, face aux balles qui volent vers nous (...) » (p. 30).

Et peu après, en pleine bataille nocturne, le petit sous-lieutenant enthousiaste de la 7e compagnie saura aussi que l'exercice du plus simple commandement se traduit en actes dont l'aboutissement : échec ou réussite, vie ou mort, est porteur de solitude. Dans la tourmente l'homme est seul armé de son courage, le chef est seul avec son intelligence et son caractère : « Le commandant? Le capitaine? Le vent me lance quelques mots au visage : partis... ordre!... je pousse les hommes qui hésitent instinctivement devant l'enchevêtrement des branchettes hérissées de dures épines. Et je me lance à mon tour en plein buisson (...) » (p. 43).

Et Genevoix entre dans le drame par un geste qui serait comique et dérisoire s'il n'était révélateur de toute une morale civique empreinte de grandeur simple et de dévouement sans ostentation : c'est avec son arme réglementaire d'officier d'infanterie qu'il entraîne sa section : « Alors, levant mon sabre, je répète l'ordre : En avant : tous derrière moi!... » (p. 37).

(Comment ne pas penser à cet autre normalien en rupture d'École et de Sorbonne, qui, à l'autre extrémité du front de la Marne, presque aux mêmes moments, levait aussi son sabre et tombait foudroyé à la tête de ses hommes : Péguy...)

Mais pour la première fois aussi le contact avec la réalité se traduit par la mort : « les balles ne chantent plus : elles passent, raides, avec un sifflement bref et colère (...) un cri étouffé à ma gauche. J'ai le temps de voir l'homme renversé sur le dos lancer deux fois ses jambes en avant, une seconde tout son corps se raidit, puis une détente, ce n'est plus qu'une chose inerte, de la chair morte que le soleil décomposera demain » (p. 31).

Et après les balles : les obus : « Et je saute sur la route. Je n'ai pas fait trois pas que je les entends venir en sifflant. Juste le temps de bousculer vers le talus les hommes qui l'ont déjà quitté quand (ils) explosent les six à la fois. Un morceau de la route a sauté (...) » (p. 37). Les obus-marmites ne sont pas nommés : ils sont définis, personnalisés par leur action, leur vie propre : le sifflement d'abord, la destruction de la route ensuite. Ils entrent dans le décor du récit; les soldats deviennent objets qui subissent : les obus eux sont vivants. Et cet encadrement par le fracas de la guerre s'installe; il complète, le précédant et le prolongeant l'acte de guerre et le rend collectif, faisant échapper provisoirement, par le bruit meurtrier, le combattant à sa solitude et à son angoisse.

« On entend vers des bois à notre gauche une fusillade qui, par instant, se fait violente. Derrière nous, une batterie de 120 tonne sans discontinuer. Et sur Rembercourt à intervalles réguliers des marmites éclatent en rafales, par six à la fois (...) » (p. 36).
Cette approche sanglante désormais ne cesse plus. Elle ira progressivement en accentuant chaque fois la vision de l'horreur. Le premier mort est aperçu rapidement, dans l'action et sa ruade d'agonie le rattachait encore — même brièvement — au monde des vivants. Puis c'est l'odeur de la guerre qui est perçue; mais ce sont des animaux qui en sont à l'origine comme si l'apparition des hécatombes humaines — inévitables et que l'on pressent proches — devait être ménagé et préparée par le spectacle d'animaux pourrissants.

« Des chevaux crevés, ventre ouvert, pattes coupées pourrissent au bas du talus dans le fossé (...) beaucoup de caissons fracassés, roues en miettes, ferrures tordues (...) » (p. 38).
La destruction du matériel préfigure ici la destruction des chairs vives, et les caissons fracassés s'apparentent aux cadavres dont ils évoquent l'immobilité lugubre et abandonnée sur le champ de bataille.
Et c'est un degré de plus dans la révélation tragique. Quelques pas encore et le champ de bataille surgit où les morts ne sont encore qu'un élément mal défini du paysage qui ajoutent par leur aspect anonyme à l'aspect sinistre du paysage : « Je vois une grande plaine désolée, bouleversée par les obus, semée de cadavres, aux vêtements déchirés, la face tournée vers le ciel ou collée dans la terre (...) ».
L'immensité du champ de bataille englobe les hommes dans une même vision tragique. Qui est vivant? Qui est tué? C'est la même immobilité où ceux qui respirent encore sont menacés de rejoindre ceux qui sont tombés :
« Loin devant nous, des sections en colonne d'escouade par un restent immobiles, terrées, à peine visibles. Elles sont en plein sous les coups de l'artillerie allemande (...) » (p. 36).

Puis la vision se précise, comme se resserre le tir de l'artillerie :
« Les lourdes marmites par douzaine achèvent de ravager les champs
pelés (...). Les corps se recroquevillent (...) chaque fois qu'un obus tombe
c'est un éparpillement de gens qui courent en tous sens et lorsque la
fumée s'est dissipée, on voit par terre, faisant taches sombres sur le
jaune sale des chaumes, de vagues formes immobiles » (p. 36).
L'anonymat des silhouettes se confond encore avec le paysage. Et
soudain, dans ce décor où la mort se rapproche à chaque salve d'obus,
surgit, comme dans le rire désespéré d'un agonisant, le côté comique,
incongru qui achève de donner au tableau, par sa note risible sa totale
dimension tragique. C'est ce porteur d'ordres « un commandant de
gendarmerie à bicyclette, (qui) grimpe la côte en poussant de toutes ses
jambes (...) ».
Comique et rassurant à la fois ce cycliste : car en rétablissant un
mouvement logique et volontaire dans le déplacement il semble rétablir
un ordre oublié dans ce désordre où les mouvements ne sont conduits
que par des forces extérieures : les obus qui explosent et éparpillent en
tous sens les hommes épouvantés.
Au soir du 9 septembre ce n'est pourtant pas encore le sang des
combattants qui apparaît dans le récit, mais celui de la viande des
distributions hâtives de vivres sur les positions de combat : « (...) la faible
lueur jaune met des coulées brunes sur les quartiers de viande saignante
(...) » (p. 38). Vision prémonitoire : le jour même dès l'aube, la descente
aux enfers commence. Image confortée d'ailleurs par ces sections
engagées et prises sous le feu des canons, soldats « somnanbules »
d'épuisement qui tournent en rond et reviennent à leur point de départ
devant l'amoncellement des chevaux morts vu la veille sur la route de
La Vaux-Marie.
La vision change à ce moment.
« Il fait lourd, une chaleur énervante et malsaine (...) je m'aperçois que
nous respirons dans un charnier. Il y a des cadavres autour de nous;
partout. Un surtout, épouvantable, duquel j'ai peine à détacher mes
yeux. La tête est décollée du tronc (...) la jambe est broyée. Tant
d'autres! Il faut continuer à les voir, à respirer cet air fétide jusqu'à la
nuit » (p. 39).
Le basculement est alors total. Il ne s'agit plus de chevaux, ni de
cadavres lointains, ou d'un agonisant entrevu au passage. Comme il est
« dans un charnier » Genevoix est dès ce moment dans la guerre. Et
particulièrement cette description atroce annonce les mêmes descrip-
tions, plusieurs mois plus tard, aux Éparges.
Il reste trois étapes à franchir. Que la mort perde son anonymat, qu'elle
soit donnée de sa main, que le visage des tués prenne une identification

insoutenable à l'esprit. D'abord identification et présence physique de l'ennemi. Jusque-là l'adversaire c'était les obus, les balles. Et voici qu'il est là, physiquement présent, à le toucher et que la fureur du combat qui emporte les uns et les autres les rend proches à se dévisager. On ne tire plus sur des silhouettes mais sur des chairs pleines de vie qui crient, se battent et se débattent. A l'aube du 10 septembre, l'attaque se déclenche brutale :

« Debout tout le monde! (...) Debout! (les silhouettes) n'étaient pas à trente mètres quand j'ai aperçu la pointe des casques. Alors j'ai commandé, en criant de toutes mes forces, un feu à répétition. Juste à ce moment des clameurs forcenées jaillissaient de cette masse noire et dense qui s'en venait vers nous : Hurrah! hurrah! Vorwârts! ».

C'est la première étape : la mort donnée au combat et la perception nette que cela signifie souffrance :

« Feu à répétition! Feu! (...) J'entends des bramées d'agonie, comme des bêtes frappées d'agonie (...) » (p. 41).

Ce sentiment n'en acquiert que plus d'intensité quand on observe que la scène se passe dans une nuit noire en plein ouragan orageux. Tempête des éléments qui rejoint la folie des hommes et confère bien à cette scène un caractère de cauchemar dantesque.

« L'ouragan soufflait (...) Je piétine en proie à une exaltation qui touche à la folie. Je répète : Feu! Feu! Je crie : Allez (...) l'immense houle va se refermer derrière nous; ce sera fini (...) hurrah! (...) vent furieux, pluie forcenée; il semble que la rage des combattants gagne le ciel (...) » (p. 42).

Au milieu de cette exaltation brutale la deuxième étape apparaît : inéluctable : tuer de sa main et voir l'homme touché tomber à ses pieds. L'impitoyable loi de la guerre referme son piège : tuer ou être tué. L'homme n'est plus en mesure de modifier son propre destin : il ne peut que l'accepter et sa marge de manœuvre qui est infime n'a qu'une issue : donner ou recevoir la mort.

« Je suis entouré de boches (...) course forcenée vers les lignes des Chasseurs (...) pourtant, avant de rallier les Chasseurs j'ai rattrapé encore trois fantassins allemands isolés. Et à chacun, courant derrière lui du même pas, j'ai tiré une balle de revolver dans la tête ou dans le dos. Ils se sont effondrés avec le même cri étranglé » (p. 44).

Il restera alors l'ultime étape : l'anonymat dévoilé fait des morts des compagnons de fraternité. Le tué dont on apporte à Genevoix les papiers devient soudain autre chose qu'un soldat à matricule : c'est aussi un père de famille, qui a un métier, des enfants, une femme, qui a vécu dans le passé une vie calme et que rien ne destinait à venir mourir là :

« Il y a dans le portefeuille la photographie d'une femme qui tient un bébé sur ses genoux (...) » (p. 40).
Comment accepter cela? Seule solution possible : « ne plus penser, m'engourdir! » Mais la présence se fait plus insistante; le mort se fait vivant par tous ses prolongements; sa famille, sa vie antérieure ne se laissent pas oublier :
« Dans ma main le petit paquet de relique pèse, pèse (...). »
Genevoix ouvre le portefeuille : « Gonin, Charles, employé de chemin de fer (...) les visages qui souriaient s'immobilisent sous mes paupières fermées, grandissent, s'animent jusqu'à m'halluciner. Les pauvres gens » (p. 41). La guerre apparaît dans toute son absurde horreur quand les visages des tués font surgir à leur place les visages souriants d'innocents qui ne savent pas encore et qui sont déjà un éternel reproche.
La première épreuve est achevée. Douloureuse. Elle marquera l'homme qui n'essaiera de s'en délivrer qu'en faisant revivre ces événements par l'œuvre littéraire où surgissent à chaque page les « Jeunes morts! Pauvres tués trop vite oubliés (...) » (*Trente mille jours*. p. 146).

La bataille de la Marne s'achève. Le 106e R. I. va rejoindre fin septembre les Hauts de Meuse et les Éparges d'où Genevoix le quittera — autre déchirement — le 25 avril 1915, blessé grièvement. Mais au soir du 10 septembre, devant l'incendie de Rembercourt-aux-Pots quelles idées hantent l'esprit de Genevoix? Quelle image d'une civilisation assassinée voit-il disparaître dans les crépitements rougeoyants des poutres incandescentes d'une maison faite pour la paix et la prière?
« Je suis resté des heures les yeux attachés à cet incendie; le cœur serré, douloureux; mes hommes endormis sur la terre jalonnaient de leurs corps inertes la ligne des tranchées. Et je ne pouvais me décider à m'étendre et à dormir comme eux » (p. 36).

1. Nous utilisons l'édition définitive de *Ceux de 14*. Flammarion éditeur. 1950 et ssv. 672 pages.
2. Ce stage était obligatoire pour tous les futurs enseignants. On considérait qu'ils devaient être non seulement des éducateurs de l'esprit, mais aussi des formateurs du corps et de futurs instructeurs pour les sociétés de préparation militaire. Les élèves de l'École normale supérieure — dont Genevoix — étaient donc astreints pendant leur service militaire à ce stage au cours duquel le futur auteur de *Ceux de 14* s'était révélé un remarquable gymnaste.
3. Voici dans sa sécheresse et son incapacité évidente à rendre compte des événements de cette nuit du 10 septembre le compte rendu du *Journal de marche officiel du 106e R. I.*

« *10 septembre. 1 heure.* Attaque de nuit. A réserver. Le grand nombre d'officiers disparus ne permet pas de retracer la physionomie exacte de cette attaque. Le compte rendu ne pourra être utilement fait que lorsque les blessés de cette journée, en particulier le colonel Dillemann commandant le régiment auront rejoint le corps après guérison. Les chefs de bataillon Giroux et Laur sont tués; le chef de bataillon Bestagne blessé est évacué; le capitaine Cabotte prend le commandement du régiment (...) ».

Dans l'original du *Journal* ce bref texte est écrit au crayon, ce qui explique la mention à réserver. Mais, soit manque de temps, soit probablement impossibilité de reconstituer les faits, le secrétaire a renoncé à revenir sur ce passage et à rendre davantage compte de ce combat de nuit. Ce qui fait, que le récit de Genevoix, en est jusqu'à ce jour, la relation la plus riche et la plus fidèle.

(*cf.* S.H.A.T., J.M.O., 106ᵉ R. I., 26 N 677.)

Le combat d'infanterie dans *Ceux de 14*

par Léon FALLON

Général (C. R.)

« Le général qui avance sans rechercher la gloire et qui recule sans craindre la disgrâce, dont la seule pensée est de protéger son pays et de servir son souverain est le joyau du royaume... » (Sun Tsé).

Dans la série d'eaux fortes bien connue, « les misères de la guerre », Jacques Callot a traduit en gravures réalistes les épisodes dramatiques des guerres de son temps.

Ceux de 14 est une fresque comparable, magistrale. Trois siècles ont passé. Les temps ont changé. Le martyre n'est plus comme au temps du graveur lorrain celui de l'humble paysan : c'est celui d'un combattant, du citoyen-soldat.

Dans ce livre, Maurice Genevoix évoque assurément et de façon saisissante le courage, la volonté, l'abnégation, voire l'astuce du « poilu ». A vrai dire il y met surtout en relief son immense misère, celle de l'être accablé par le fer et par le feu, par un adversaire implacable, par les éléments naturels : le froid, la pluie, la neige, trahi même par la terre — l'Alma Mater — qui se mue en boue, tourne en glu dévorante. Il y dépeint un homme engourdi comme dans un état second, hébété, anéanti dans une sombre désespérance, parfois se hérissant devant l'absurde, voire furieusement révolté..., mais un homme qui, quand même, dans un constant sursaut espère...

De ci, de là il est d'ailleurs rasséréné, réconforté. Il se sublime dans des amitiés intenses nouées aux pires instants de sa misère, dans des élans d'incroyable fraternité éclos sur les chemins de croix qu'on monte alors en foules résignées. Trop souvent c'est pour retomber dans un plus amer écœurement, lorsque la mort au tranchant sans appel, met fin à cette communion sans égale d'âmes sanglantes.

Là, sommairement évoqué, me paraît être l'essentiel de *Ceux de 14*. Aussi y rechercher autre chose, et notamment des données touchant l'art ou la « science » (?) de la guerre — la tactique — paraît à première vue une gageure. D'ailleurs à quelque égard incongrue! On comprend bien pourquoi.

Et lorsqu'il me fut suggéré de tenter une recherche, d'écrire quelques pages sur ce sujet, je me suis d'abord posé quelques questions... Puis je me suis souvenu qu'il était possible de trouver dans cet ouvrage si fidèle maints témoignages — plus ou moins explicites — sur le savoir-faire — ou son absence — des combattants et des chefs, des leçons, quelque sujet à réflexions. Alors, malgré les risques, et avec l'idée de rendre à l'auteur un hommage renouvelé et plus universel encore, j'ai entrepris cet essai.

Maurice Genevoix fait donc peu état de « tactique ». Lorsqu'il y est entraîné par son récit, il le fait simplement, très clairement. S'il en parle peu, et modestement, c'est qu'au cours de cette guerre il y en eut très peu! Il y eut alors si peu d'art et si peu de « science », du moins dans les combats d'infanterie! Ceci explique qu'il fallut tant de courage, d'abnégation et de sacrifices — lesquels pallièrent une intelligence absente ou bafouée...

Les notes que j'ai tirées de *Ceux de 14* touchant le combat d'infanterie, les réflexions qu'elles m'ont suggérées, sont regroupées dans quelques rubriques d'importance inégale : renseignement et sûreté, organisation du terrain, liaisons, manœuvre et utilisation du terrain, exécution des feux, réactions face aux paniques, information du combattant...

D'autres indications pourraient encore être retenues dont je ne dis rien, telles celles concernant les travaux d'approche par galeries en sape, l'attaque en exploitation des effets de mines souterraines, l'attaque d'un blockhaus, le combat sous bois...

Renseignement et sûreté rapprochée

Tout au long du récit, le souci du renseignement et d'une sûreté rapprochée est patent...

Il l'est davantage bien sûr dans la phase de mouvement d'août-septembre 1914 et à vrai dire on a l'impression que les Allemands donnent le meilleur exemple de l'utilisation, dans cette perspective, de leur cavalerie et de leur aviation...

Mercredi 2 septembre... « Devant nous des uhlans en vedette à la lisière d'un bois, cheval et cavalier immobiles. De temps en temps seulement la bête chasse les mouches en balayant ses flancs de sa queue... »

Mercredi 9 septembre... « Toute la journée des avions nous survolent. Des obus tombent aussi. Mais le capitaine a eu l'œil pour repérer la bonne place : les gros noirs nous encadrent sans qu'aucun arrive sur nous... Qu'est-ce que fait donc cet aéro boche? Il n'en finit pas de planer sur nous... »

On est alors à La Vaux-Marie. L'avion visiblement renseigne son artillerie et probablement prépare l'action de son infanterie : dans la nuit d'orage qui va suivre les Allemands déclencheront une attaque apparemment soigneusement montée et comportant une dangereuse manœuvre d'encerclement. L'auteur s'en tirera avec bonheur grâce à son esprit d'à propos, son courage... et sa chance. Mais combien de corps inanimés joncheront le lendemain matin la plaine de La Vaux-Marie!

Samedi 19 septembre... (au bois des Caures)
« Deux vedettes allemandes arrêtées en avant d'un bois face à celui que nous tenions semblaient deux statues de pierre grise. Puis des sections rampantes sortirent des bois et s'avancèrent en plaine, ternes comme le sol et visibles à peine... »

17-19 octobre (aux Éparges)
— Butrel!
— Mon lieutenant?
— Veux-tu faire une patrouille?
— Ça dépend!
— Et de quoi?
— Je veux d'abord savoir qui vous allez me donner.
— Un seul homme : Beaurain.
— Bon ça va! « ...
— ... » (...) Beaurain et toi vous allez grimper là-haut, plus haut que nos escouades détachées jusqu'à ce que vous ayez repéré les petits postes boches...
... Je veux seulement que vous me donniez l'emplacement exact de ces petits postes et si possible la distance qui les sépare des nôtres. Le mieux serait qu'il ne soit pas tiré de coup de fusil... ».
— C'est moche, dit Butrel... ».

Au retour, Butrel rend compte : des trous individuels sous les petits sapins à la lisière du bois à soixante-dix mètres de nos postes; la tranchée est probablement derrière, en plaine...

Il ajoute :

« Y en avait un qu'était sorti d'son trou. I r'mettait sa culotte justement quand il m'a vu (...) En somme je l'ai pas zigouillé, c'est lui qui s'est suicidé.

— Tu l'as...

— Un peu. Vous pensez pas que j'allais l'louper à quinze mètres, comme ça n'est-ce-pas tout le monde est content : vous, vous avez vos renseignements. Moi, j'ai mon boche et la patrouille rentre au complet... ».

Sûreté

Dimanche 6 septembre. « Une heure et demie du matin. Sacs à terre, fusils dessus, en ligne de section par quatre à la lisière d'un petit bois maigre, des bouleaux sur un sol pierreux. Il fait froid. Je vais placer en avant un poste d'écoute et reviens m'asseoir parmi les hommes.

... Quatre heures. Une dizaine de coups de feu sur notre droite me font sursauter au moment ou j'allais m'assoupir. Je regarde et vois quelques uhlans qui s'enfuient au galop, hors d'un boqueteau où ils ont dû passer la nuit... ».

Des deux côtés on avait pris soin d'assurer sa sûreté rapprochée...

17 octobre. La section Genevoix prend ses consignes dans les pentes boisées du ravin des Éparges.

L'adjudant commandant la section relevée :

« Nous sommes ici section de droite. La compagnie voisine est à quatre cents mètres par là. Comme vous voyez ça fait un trou... ».

M. Genevoix :

« Mais il doit y avoir entre vous un petit poste de liaison (...).

— Ha! Diable, je ne sais pas »...

Sombre réflexion... Cruelle perspective!

Mais l'adjudant soudain se frappe le front :

« — À propos du petit poste. J'oubliais de vous dire, mon lieutenant, que nous détachons une escouade à quarante ou cinquante mètres plus haut...

— Il est pur souffle Pannechon à mon oreille » (Pannechon, c'est l'ordonnance...).

Voilà, à coup sûr, un chef de section qui n'avait pas beaucoup réfléchi ni compris grand chose à sa mission; il en avait seulement oublié l'essentiel. Ceci est moins rare qu'on le pense... le manque de discernement!

Organisation du terrain

Il est notoire que l'Allemand — commandement et exécutants — a de tout temps surpassé le Français dans le réflexe et l'art de s'enterrer.
Pourtant le souci de protection apparaît constamment dans le récit de Maurice Genevoix et ce, même au cours de la phase de mouvement. Des trous individuels sont creusés dès qu'on s'arrête.
Pour un chef de section être obéi par des hommes exténués n'est pas un mince mérite. À la guerre, bien sûr, on sait vite par expérience là où il est question de vie ou de mort... La paresse, souvent de hautaines attitudes, portent aussi à des négligences hors de raison, aux conséquences tragiques.

23-25 octobre. La 7e compagnie (à laquelle appartient la section Genevoix) est en première ligne aux Éparges. Une sorte de trève tacite s'est installée : commandements français et allemand — pour des raisons différentes — pensent y trouver leur avantage. L'Allemand en profite pour travailler à l'aménagement d'une tranchée dans le sous-bois à quelques dizaines de mètres de la section Genevoix. L'officier allemand et ses soldats vont et viennent, tels les terrassiers d'une équipe du temps de paix.
Malgré l'intervention du commandant de la 7e compagnie l'autorité supérieure maintient sa « défense de tir »...
Et quelques jours plus tard il en coûtera chaud aux Français qui essaieront de se frotter à une tranchée allemande supérieurement aménagée et à peu de frais.

Janvier 1915. La 7e compagnie est en réserve sur « la Calonne ». Elle a reçu l'ordre d'aménager une deuxième « ligne » (ou plutôt une deuxième position...)
« On travaille peu sur le chantier. Les outils délaissés s'appuient de guingois d'un bout à l'autre de la tranchée : on fume, on regarde voltiger la neige.
Mais tout à coup la Fouine (Biloray dit « la Fouine ») dresse le nez :
— Acré! chuchote-t-il. V'l'Colo...
Toute l'équipe a repris ses outils et fait semblant de travailler. Ils ont beau s'agiter, on sent qu'ils ne croient pas à ce qu'ils font : ça leur paraît

une blague cette tranchée en deuxième ligne, si loin des Boches et des vraies tranchées; une brimade de gradés qui veulent « les amuser ». Et je pense comme eux malgré moi par instinct grégaire : une tranchée de combat ici, à Calonne! quelle belle idée d'état-major! »

L'auteur reconnaît plus tard son erreur avec une claire honnêteté. Relatant les événements des 24 et 25 avril 1915 il écrit en effet : .... « l'heure était angoissante : les Allemands sur le front d'attaque avaient pris pied sur notre première ligne; notre seconde ligne n'existait guère — et nous en savions quelque chose, nous qui l'avions tout l'hiver négligée... »

C'est alors et sur cette fameuse « deuxième ligne » que Maurice Genevoix allait être grièvement blessé...

Les liaisons

Pour transmettre les ordres ou les comptes rendus on fait feu de tout bois, en égard aux faibles moyens techniques de l'époque. Sans doute on recourt au téléphone dès que le front se stabilise. Mais les lignes ont souvent à souffrir des bombardements et nombreux sont ceux qui tombent en travaillant à les rétablir. On fait le plus souvent appel au coureur, parfois au cavalier ou au cycliste. Lors des combats de La Vaux-Marie le 8 septembre, l'auteur relate curieusement le passage d'un commandant de gendarmerie (!) qui en pédalant vigoureusement assure une liaison à bicyclette jusqu'en première ligne. Improvisation sans doute!... Et emploi marginal d'une arme, il est vrai, polyvalente...

Dimanche 6 septembre. « Je cours le premier cherchant le pli du terrain, le talus, le fossé, où abriter mes hommes après le bond, ou simplement la lisière de champ qui les fera moins visibles aux Boches. Un geste du bras droit déclenche la ligne par moitié; j'entends le martèlement des pas, le froissement des épis que fauche leur course. Pendant qu'ils courent, les camarades restés sur la ligne tirent rapidement, sans fièvre. Et puis, lorsque je lève mon képi, à leur tour ils partent et galopent, tandis qu'autour de moi les lebels crachent leur magasin... »

La lutte aux abords et pour l'éperon des Éparges fait constamment ressortir l'importance de la contre-pente et des angles morts tant du côté allemand que du côté français, contre-pente difficile à atteindre par les tirs d'artillerie, du moins les tirs tendus.

Lors des relèves, de la Tranchée de Calonne à la crête des Éparges, on progresse d'abord sur un glacis exposé mais en utilisant des boyaux qui assurent une assez bonne protection, mais ensuite se présente un parcours très exposé et de jour très meurtrier dans la vallée du Longeau jusqu'au moment où on gagne l'angle mort de l'éperon... le havre de salut! au plus près de l'ennemi!...

Les feux d'infanterie — un cas de panique...

Au début de la guerre (1914-1918) les petites unités d'infanterie ont peu ou n'ont pas d'armes automatiques. Le fusil-mitrailleur n'existe pas encore et les mitrailleuses peu nombreuses sont groupées à l'échelon régiment (1).

Pour faire face à des situations de crise (assaut ennemi par exemple) on exécute des feux de salve qui permettent d'obtenir sur l'adversaire des effets physiques ou psychologiques importants, de surcroît qui contribuent à la cohésion et à la discipline de feu de l'unité. Le chef peut ainsi reprendre en mains une troupe qui tire « à tort et à travers » et gaspille ses précieuses munitions.

De fait, commander — aux petits échelons — ce n'est pas seulement et dans son sens strict « manœuvrer », c'est aussi diriger des feux. On l'oublie parfois.

Le 24 septembre, on est dans la région de Mouilly. La section Genevoix est en seconde ligne. La panique se propage dans les unités au contact. La description est frappante... dont ci-après un court passage :

« Et il en arrive toujours avec les mêmes yeux agrandis, la même démarche zigzagante et rapide, tous haletants, demi-fous, hallucinés par la crête qu'ils veulent dépasser vite, plus vite, pour sortir de ce ravin où la mort siffle à toutes les feuilles, pour s'affaler au calme, là-bas où on est pansé, où l'on est soigné et peut-être, sauvé »...

Malgré tous ses efforts pour enrayer la panique, la section Genevoix se trouve rapidement au contact d'un ennemi nombreux qui attaque en rangs compacts sous la futaie, et en délicate situation... Ordre arrive de se replier : il faut le faire méthodiquement sinon c'est le désastre.

« Chaque commandement porte. Ça rend : une section docile, intelligente, une belle section de bataille! Mon sang bat à grands coups égaux. À présent je suis sûr de moi-même, tranquille, heureux (...).

... Les mausers ne tirent plus qu'à coups espacés. Qu'est ce qu'ils font les Boches? Il faut voir.

— Cessez-le feu! ».

Plus tard...

... « Il y a des nôtres, un peu plus loin sur la droite, une longue ligne de tirailleurs, irrégulière mais continue. Les hommes ont profité merveilleusement de tous les abris :

ils tirent à genoux, derrière les arbres, derrière les piles de fagots, ils tirent couchés, derrière des buttes minuscules, au fond de trous creusés en grattant avec leurs pelles-pioches. Voilà de l'utilisation du terrain! Voilà des hommes qui savent se battre... ».

« Derrière eux à quelques mètres des officiers dirigent le tir et observent (...) J'ai collé ma troupe sur la gauche prolongeant la ligne. Les lebels de ma section font chœur avec les voisins.

— Par salve... Joue-Feu!

Ça roule; il y a des retardataires qui lâchent le coup deux ou trois secondes après la décharge générale.

— Par salve... Joue-Feu!

Un seul craquement, et bref; la rafale jaillit d'une même volée. Bon, cette fois... » « ... Cessez le feu!

Mes soldats entendent. Ils passent le commandement, ils ne tirent plus. Le fusil est prêt, ils guettent le commandement nouveau.

— Feu de deux cartouches!...;

Le mot vole le long de la ligne : deux cartouches... deux cartouches... deux cartouches... ».

Cet épisode porte à longue réflexion (2).

Quelque esprit clairvoyant, amoureux de l'armée mais sage et sans complaisance, saura peut-être un jour démontrer et révéler tout ce qui a tant manqué et manque encore à notre instruction militaire. Pourquoi en particulier, et s'y attacherait-il quelque honte à le faire? N'enseigne-t-on pas la conduite à tenir dans les situations défavorables, voire les pires, désespérées, catastrophiques... « honteuses »... et par exemple :

— les réactions et procédés qui peuvent permettre d'empêcher, d'enrayer les paniques, de pallier quelque peu leurs funestes conséquences...

— la part de combat que doivent continuer à assumer les petits groupes, les combattants isolés...

— l'attitude à tenir lorsqu'on est prisonnier de guerre...

— les procédés qui peuvent permettre d'échapper à une honteuse capture, de s'évader coûte que coûte et le plus tôt possible, de « conduire » à son terme une évasion...

Une expérience récente nous a montré que la victoire n'est parfois acquise qu'après de lourds revers, qu'au prix d'amères sueurs et de sang versé... J'ai connu ces temps et j'ai senti combien je n'y avais pas été « militairement » préparé.

Les lacunes concernant l'information qui font l'objet des lignes ci-après sont également à inscrire dans le chapitre des insuffisances, effet peut-être des mêmes hautaines suffisances.

L'information et « la participation » du combattant

Il est des principes dont on parle beaucoup parce qu'ils ont du mal à s'instaurer. Et plus on en parle, moins on les observe. C'est le cas depuis des lustres dans l'armée soviétique concernant « l'initiative » : on bride à souhait et on s'étonne sans fin des effets du frein. C'est le cas chez nous en ce qui concerne l'information, la participation... Il y a accoutumance à un discours auquel ne correspondent pas les faits. Une amorce de tournant paraît pourtant s'annoncer...

Maurice Genevoix aborde ce problème dans une page remarquable à propos des combats du 25 septembre 1914...

« Pourquoi ce parti pris du silence? On nous ordonne : « Allez là ». Et nous y allons. On nous ordonne « Attaquez ». Et nous attaquons (3). Pendant la bataille du moins, on sait qu'on se bat.

Mais après? Bien souvent c'est la fusillade toute proche, les obus dégringolant en avalanche qui disent l'imminence de la mêlée. Et lorsqu'une fois on s'est battu, des mouvements recommencent, des marches errantes, avance, recul, des haltes, des formations, des manœuvres qu'on cherche à s'expliquer et que généralement on ne s'explique pas.

Hier (...) on nous lançait en pleine tourmente à une heure difficile entre toutes, l'ennemi s'avançait avec une résolution forcenée (...).

Toute la science des états-majors ne pouvait plus rien contre...

Nous arrivions, nous luttions, nous tenions ou nous étions bousculés à notre tour. Dès lors nous étions tout. Dès lors il était raisonnable de nous dire combien lourde mais combien exaltante était notre tâche...

Assurément il est des choses qu'il est utile de cacher aux combattants. Il y en a d'autres qu'on pourrait, qu'on devrait leur révéler. L'incertitude complète énerve leur courage. On les y laisse trop souvent, comme à plaisir »...

Peut-on mieux dire les choses? Je n'ajouterai qu'un mot : parmi les armées occidentales il y en a peu qui ait autant et aussi longtemps que la nôtre négligé ce facteur important de la réussite : l'information des exécutants. Les armées communistes ont depuis longtemps pris la chose en considération. Mais cela s'inscrit chez elles dans l'esprit et les réflexes souvent abrutissants de « l'agit prop »...

Conclusion

Dans son *Histoire de la guerre* Montgomery écrit à propos de la Première Guerre mondiale : « Le fait est qu'étant donné les armes existantes la défensive offrait des avantages considérables. Cependant avant la guerre une théorie contraire avait été bâtie, résumée par ces mots de Foch : « faire la guerre, c'est attaquer toujours ».

L'Anglais insiste :

« ... Quoiqu'un chef doive toujours tendre à imposer sa volonté à l'adversaire, il doit savoir quand la partie essentielle du courage est la prudence... »

D'évidence, en 1914, un esprit « à priori offensif » prévalait.

Le 4 septembre — c'est la retraite — on fait grand'halte à Fleury-sur-Aire, à l'ombre des saules, au bord de la rivière.

Maurice Genevoix raconte...

« Près de nous, un lieutenant, Sautelet, se tient debout au milieu d'un groupe, moustaches hérissées, bras nus, l'échancrure de sa chemise montrant une poitrine velue comme le poitrail d'un sanglier. Il étourdit les autres de sa faconde et de la violence de sa voix éraillée mais formidable. J'entends ceci : il y a deux moyens de les avoir : enfoncer le centre ou déborder les ailes... ».

Maurice Genevoix n'ajoute aucun commentaire. Il serait inutile. d'évidence : art simple, la guerre est toute d'exécution.

En tout, il ne suffit pas de dire, « il faut le faire »...

Rapidement, ce devait être l'enlisement... Et les deux adversaires allaient se livrer à des assauts frontaux incroyablement meurtriers!...

Cédons encore la parole à l'auteur de « *Feue l'Armée française* ». Il écrivait en 1929 (mais l'a-t-on lu?) :

« ... Si une leçon se dégage clairement des sinistres années 1914-1918, c'est que nul parmi ceux qui pensent positivement aux conflits de l'avenir ne prendra l'initiative de se battre dans des conditions aussi barbares et aussi absurdes. Peut-être une nation « résolument défensive » peut-elle se résigner à des méthodes dépourvues d'imagination, mais il est bien certain que l'État qui aura quelque jour recours aux armes ne jouera pas sa chance sous cette inspiration désespérante, ruineuse, attentoire à la dignité humaine et si parfaitement étrangère aux hautes facultés de l'esprit, et qu'il n'attaquera qu'après avoir mis au point un matériel nouveau et une tactique nouvelle qui imprimeront à la guerre un caractère absolument différent des lourds massacres sur fronts stabilisés. »

En lisant ou relisant *Ceux de 14* on pourra méditer, à propos du combat d'infanterie, sur la vanité des idées générales et des systèmes lorsqu'ils ne se traduisent pas en orientations claires, en éléments d'exécution, sur la nécessité d'une tactique simple et d'un certain savoir-faire — de réflexes —, et, élément capital, sur l'harmonie indispensable des moyens et de la tactique.

On méditera aussi sur l'incroyable obstacle sur lequel sont venus buter les plus beaux esprits militaires avant et pendant 14-18, puis dans « l'entre-deux-guerres », mais surtout — surtout! — sur les servitude et grandeur incomparables du citoyen — soldat de la Grande Guerre.

Et, stratégie et tactique ayant alors peu à voir, on réfléchira enfin sur les conséquences que pourrait avoir pour notre pays une soumission sans combat — dans la panique — à telle ou telle idéologie étrangère : quelque sorte d'esclavage, tragique aboutissement d'un refus de faire face, à l'instar de « *Ceux de 14* », en citoyen et en Français.

1. En 1914 les régiments d'infanterie disposaient de 6 mitrailleuses. En juin 1916 les bataillons (du 46e R.I. à Vauquois par exemple) comporteront 3 compagnies « ordinaires » et 1 compagnie de mitrailleurs. La compagnie « ordinaire » sera dotée de 8 fusils-mitrailleurs. Le régiment disposera alors au total de 24 mitrailleuses.

2. On lira avec intérêt « *Feue l'Armée française* » (général XXX, 1929). On y relève : « les principes tactiques (...) sont tellement simples et tellement limités qu'il faut être un Allemand pour en vouloir faire une science »...

Et à propos de l'instruction militaire et des paniques :

« ... Le but de l'instruction militaire n'est pas seulement d'enseigner le maniement d'une arme et le schéma d'une manœuvre mais de former des réflexes individuels et collectifs contre la panique qui ne s'enraye pas par des raisonnements et des démonstrations...

... S'il cède à la peur (l'homme) fuit, se couche ou se cache. S'il réagit avec exaltation, il s'expose et se sacrifie. S'il garde quelque maîtrise de soi, sa réaction s'appelle « riposte »... Seule celle-ci est utile et efficace... ».

3. Tout comme les légionnaires du centurion (Évangile selon Saint-Luc) : « Car moi qui n'ai qu'un grade subordonné j'ai pourtant des soldats sous mes ordres. Je dis à l'un : va et il va; à un autre, viens et il vient; et à mon serviteur : fais ceci et il le fait... »

Itinéraire de la souffrance dans *Ceux de 14*

par Claude GAUDIOT

Chirurgien des Hôpitaux

C'est un long chemin que nous fait parcourir Maurice Genevoix dans *Ceux de 14* : on y découvre ce qu'est la guerre à travers la peine des hommes. C'est un trajet douloureux qui commence avec le début des batailles, se poursuit peu à peu par touches subtiles et permanentes et finit par un débouché sur le sang, la boue, l'écrasement moral et physique de l'homme.

Pourtant, les premiers contacts avec la souffrance ne se font, en quelques sorte, qu'à distance, par l'intermédiaire d'autres combattants atteints les premiers plus ou moins directement; c'est pour ainsi dire, la découverte de ce qui peut et va arriver. C'est celle faite à travers ses deux frères dont l'un est mort et l'autre blessé, par l'un des soldats; c'est celle faite par la vue déjà déchirante des civils qui traînent encore dans les villages lorrains abandonnés, des femmes et des enfants qui s'étonnent et qui pleurent; c'est aussi la découverte de la souffrance d'autres êtres innocents de la guerre : les animaux et surtout les chevaux... « un cheval mutilé hennit. Gémissement étrange et poignant : je crois d'abord que c'est un oiseau de nuit qui hulule ».

Étrange est l'atmosphère du début de la guerre : avec la pluie qui tombe, l'eau qui dégouline de partout et pourtant la joie de se sécher au soleil, à la chaleur d'un feu ou dans une de ces granges lorraines si hautes, si accueillantes au soldat fatigué et mouillé. Étrange est l'atmosphère de ce début de guerre à cause de ses premières, intenses et inattendues fatigues, de ses marches forcées, de ses attaques brèves et meurtrières, à cause de la faim, de la soif, de tous ces impératifs inhérents à la nature humaine et qui font découvrir à l'homme sa fragilité et sa vanité. Et puis et surtout, ce sont les premiers blessés, avec leurs plaintes, la nuit, leurs appels angoissés et tenaces dans le silence alors que personne ne peut les secourir, avec le spectacle qu'ils vous offrent « ... des chariots où des blessés s'entassent, les uns assis et se cramponnant des deux mains aux ridelles, les autres couchés sur une litière de paille sanglante ». Les premiers morts apparaissent aussi avec leurs attitudes bizarres, leur odeur écœurante, leur présence obnubilante tout le long des fossés; on est obligé de prendre contact avec eux ne serait-ce qu'à travers leurs objets personnels et c'est la découverte de leur vie antérieure, de leur réalité heureuse et inachevée et c'est encore source de douleur « ... les visages qui souriaient sur la photographie s'immobilisaient sous mes paupières fermées, grandissaient, s'animaient jusqu'à m'halluciner. Les pauvres gens!... » Au bout de toutes ces premières épreuves, c'est l'accablement qui submerge le soldat : accablement des marches, de la fatigue, du manque de sommeil « on ne dort pas cette nuit; cette nuit, on marche. Les jambes ont l'habitude; on les suit... »; accablement de la soif, de la faim, du froid naissant de septembre. « ... que les nuits sont glaciales fin septembre! mais les paupières se ferment sur la vision dernière des feux brillant par le bivouac. Et le sommeil vient doucement, engourdissant, bienfaisant à notre lassitude, apaisant au tumulte de nos cœurs et mérité ».

De temps à autre, il se produit, en effet, comme des intermèdes : la « bête humaine » reprend le dessus et profite de toutes les occasions pour recouvrer ses droits. Alors c'est la jouissance du repos, de la chaleur, de la nourriture abondante; c'est le lit bien sommaire mais avec de vrais draps que retrouvent avec une joie ineffable d'enfants, ces jeunes combattants; mais la vie adoucie reste maintenue sous tension, par les relèves et aussi les rencontres avec la guerre : les blessés qui descendent et que l'on croise et puis tous ces sentiments qui finissent par vous envahir... le doute. Pourquoi ce parti pris de silence? On nous ordonne « allez-là » et nous y allons. On nous ordonne « attaquez » et nous attaquons. Pendant la bataille, du moins on sait qu'on se bat. Mais après? Bien souvent, c'est la fusillade toute proche, les obus dégringolant en avalanches qui disent l'imminence de la mêlée. Et lorsqu'on s'est battu, des mouvements recommencent, des marches errantes... avance, recule,... des haltes, des formations, des manœuvres qu'on cherche à expliquer et que généralement on n'explique pas. Alors on éprouve l'impression d'être dédaigné, de n'obtenir nulle gratitude pour le sacrifice consenti; on se dit « qu'est ce que nous sommes?... des Français à qui leur pays a demandé de la défendre ou simplement des brutes de combat? »

Cette période est en quelque sorte intemporelle : les jours que les combattants vivent dans un village à l'arrière du front, sont des jours que l'on ne compte pas; les heures s'écoulent mais sont utilisées, une à une, avec une faim de vivre sans cesse renouvelée : images de foyer calme et heureux, d'un homme qui rentre chez lui le soir et qui retrouve les siens autour de la table éclairée par la lampe, images de paix... mais la souffrance se réveille, elle est là, tapie dans l'ombre comme la guerre : souffrance morale quand l'un d'entre eux est allé à Verdun voir sa mère. Tous ressentent leur douleur intense, la même qu'ils partagent en secret; le bonheur de l'un a fait découvrir aux autres leur plaie cachée dans les replis de leur âme. Quant à la souffrance physique, elle réapparaît avec les nouveaux blessés... « le premier que je vois est à genoux, ses deux mains grises de crasse cramponnés à une traverse, le cou tendu et la face tournée vers le sol. Il relève la tête au bruit de nos pas et nous montre son visage nu. Ses yeux sont bleus, extraordinairement pâles dans le violet noir des paupières et leur intense lumière flambe sur un massacre : du sang poisse les deux joues crevées de plaies rondes pareilles à des mûres écrasées; les moustaches pendent comme des loques rouges sombres et l'on aperçoit au-dessous d'un rouge vif de sang frais, un vague trou qui est la bouche.
Quelque chose bouge là-dedans, comme un caillot vivant; et de toute cette bouillie, un bégaiement s'échappe convulsif... ».
Peu à peu, l'auteur nous amène sur le chemin pénible et douloureux des combattants : d'abord ce sont les éléments qui s'obstinent contre eux, avec cette opiniâtreté qui fait partie du caractère du pays lorrain. La pluie tombe, sans arrêt, pénétrante jusqu'à la moelle des os « ... la pluie bondissait sur les toits des guitounes, délayait leur carapace de terre, s'infiltrait entre les rondins pour dégoutter en large ondée sur les hommes étendus au fond. Le vent avait recommencé à souffler. Parfois une rafale violente, rabattait des paquets d'eau qui s'écrasaient au bas de l'escalier avec le bruit d'une poignée de sable contre une vitre ». La pluie coule, s'écoule, se propage partout à travers les toits des abris, le long des parois et jusque sur les couches des hommes et le sol. « Nous regardions navrés les grosses gouttes suspendues, le mur suintant, la paille mouillée. Nous écoutions frissonner la pluie, le vent geindre et mugir tout à tour. Et nous restions debout, impuissants tandis que l'eau boueuse commençait à lécher les souliers, les gouttières à claquer sur la visière de nos képis » et c'est encore le découragement, l'accablement qui gagnent « que faire? disions-nous ». Cela, pourtant n'était rien à côté de ce qui les attendait : la boue, fille naturelle de la pluie arrivait. Elle adhère à tout à ce qui la touche, brune, jaunâtre, tenace, épaisse. Elle empêche de se déplacer, de marcher, de se mouvoir simplement. « ... Je

chemine sur le bord du plateau, dans la désolation grise du crépuscule, dans le silence glacé du monde. Je vais avec lenteur, balançant mes épaules et mes hanches, balançant tout mon corps, d'une jambe sur l'autre, arrachant tous mes pas, un par un, à l'étreinte puissante de la boue ». La boue, elle envahit tout; l'abri lui-même n'est plus qu'un trou dans la boue... « ce ne sont pas des murs; c'est une seule masse monstrueuse, sans forme, sans reliefs, sans contours : le boyau rampe au travers, d'une allure visqueuse et pesante. Né de la boue, il est la même chose que la boue. Il en a la mollesse énorme, le glissement pâteux, la couleur ». Et les hommes ne doivent pas seulement s'arracher à elle, mais vivre avec elle, composer avec elle, rester en son sein. »... deux autres planches la couvrent, disjointes, spongieuses, gorgées dans toutes leurs fibres d'une eau épaisse et jaune qu'elles laissent baver à gouttes molles... c'est là qu'il faut rester six heures ». C'est alors que la guerre ajoute à cette souffrance quotidienne : les blessés sanglants et fangeux, la mort boueuse de certains d'entre eux les blessent encore plus profondément; c'est la mort que l'on avait presque oubliée et qui revient au milieu de la boue... « tandis que si demain, nous nous tabassons là-haut, nos morts tomberont à la même boue : des morts salis rien qu'en tombant... et bientôt, même plus de morts, des petits tas de boue, de la boue dans la boue, plus rien... ».

Alors, c'est la guerre qui passe petit à petit sur les hommes : la fatigue, la faim, la boue, le froid humide; ce sont les pieds gelés qui ajoutent aux souffrances, avec leurs brûlures, leurs fourmillements, leurs démangeaisons brûlantes et leur anesthésie traîtresse. Aussi le soir de Noël, c'est un appel vers Dieu que lancent les malheureux humains... « pitié pour nos soldats qui sont morts, pitié pour nous vivants, qui étions auprès d'eux, pour nous qui nous battrons demain, nous qui mourrons, qui souffrirons dans nos chairs mutilées ». Oui pitié pour ceux qui vont monter à l'attaque et qui ressentent « au creux de leurs poitrines, une sensation bizarre poindre et grandir, une sorte de chaleur pesante qui ne rayonne pas, qui reste là comme un caillou... ». Ils savaient d'avance quel serait leur sort et chacun l'attend dans le silence de son âme : « ... Aucun de nous ne parle plus : nous n'avons plus rien à dire. À quoi même pensons-nous? Nos regards ne se cherchent pas; nous attendons ensemble, la même chose ». On attend et on entend l'homme qui porte le pli et l'angoisse monte de minute en minute malgré la certitude « d'être tué dans 3 jours ». Cela ne suffit pas à leurs âmes pour s'arrêter de souffrir de l'angoisse, leurs pauvres âmes qui restent vides devant l'avenir qui s'annonce et qu'ils devinent : « ... Tout est vide. Je ne peux pas sentir autre chose, exprimer autre chose que cela. Tout ce qui emplit le monde d'ordinaire, ce flux de sensations, de pensées et de souvenirs que charrie chaque seconde du temps, il n'y a plus rien, rien. Même pas la sensation creuse de l'attente, ni l'angoisse, ni le désir obscur de ce qui pourrait advenir. Tout est insignifiant, n'existe plus : le monde est vide ».

C'est, alors, l'heure de la peur sous le vol foudroyant et frémissant des obus, dans l'incessant tremblement de la terre, dans l'effarant bouleversement du sol qui apparaît comme fouaillé par « un pic monstrueux ». Le combattant se sent écrasé d'un coup mais menacé, guetté par des petits êtres multiples, méchants, qui le recherchent : les éclats d'obus : « ... L'espace est plein d'éclats vivants. On les entend qui ronflent, sifflent, ronronnent et miaulent; ils frappent la glaise avec des chocs mats de couteaux, heurtent la voûte tintante qui durement les rabat en des stridences exaspérées... Tout le bruit est dans ma tête; les coups de trique des départs font sonner mon crâne plus sèchement qu'une noix vide; les éclatements éclaboussent ma cervelle... ». La peur est atroce, elle torture l'âme et en même temps on la supporte mieux quand elle est communiquée... : « ... Je l'ai poussé, très doucement. Maintenant que son épaule ne pèse plus sur la mienne et que je ne la sens plus frémir, quelque chose me manque dont l'absence mêle, à ma fatigue, une sensation glaciale d'abandon. Ah! c'est mieux ainsi : invinciblement, l'épaule tiède de Bouaré est revenue toucher la mienne et reste là, juste à sa place, et tremblante... ».

Le bout de chemin sera alors atteint : c'est la douleur physique avec les morts et les blessés : un homme tombe à côté, on le ramasse, on le traîne mais le blessé devient affreusement lourd; les brancardiers courageux sont montés eux-aussi : « ... Ils rampent au-devant de nous; ils nous aident; ils arrachent le moribond à l'écrasement noir du tunnel. Et ils s'en vont, les genoux dans la boue, enfoncés dans cette boue par le poids de l'homme douloureux, qui râle toujours, dont nous suivons le râle après que nous ne le voyons plus, d'un tournant de la sape à un autre tournant, très loin... » Et puis, c'est l'affreux décompte, l'affreuse découverte de tous ces morts, ces camarades, ou subordonnés fidèles, devenus cette chair inerte, pantelante, ces plaies béantes et mortelles, ces morceaux épars de corps humains. Au poste de secours, c'est tout juste si on y travaille déjà : des blessés gisent dans le réduit encombré d'outils et de planches car « les grands blessés ne sont pas descendus encore : il faut deux heures pour chaque, vous savez ». Devant toute cette boue, ce sang, cette chair déchiquetée, cet alignement ignoble de cadavres, cette menace permanente et horrible de la mort, que reste-t-il aux hommes, meurtris dans leurs corps et leurs âmes; rien sinon la résignation : « ... Les hommes n'avaient rien dit lorsqu'on leur avait transmis l'ordre. Ils avaient accepté sans rien dire. Porchon me l'affirma à voix basse. Et je n'ai besoin pour le croire que de les regarder dans le creux où ils sont assis, où ils attendent, résignés, en mâchant des écheveaux de singe, avec de vieilles croûtes de pain. Je n'avais pas cru tout à l'heure à cette résignation hautaine... semblables à eux-mêmes, ils laissent tonner les 75 sans même retourner la tête. Ils mangent lentement, repliés sur leur force profonde, toutes ces forces d'hommes mystérieusement mêlées en notre force qui est là ». Résignation si proche du désespoir d'ailleurs que le combattant devient comme indifférent, froid aux choses qui l'entourent et son âme se referme sur elle-même, « se contracture » sous la douleur ré-itérée; car il faut encore entendre les voix des blessés, leurs cris, leurs plaintes; ils appellent leur chef le plus proche, le plus connu, celui qui a vécu avec eux, qui a souffert avec eux, qui a leur confiance. Pauvre meute de blessés qui hurlent en vain, dans la nuit et qui ainsi ajoutent au trouble et à la torture de ses frères de combat; ceux-là ont atteint le point suprême de la peine, où plus rien ne compte... « tout m'est égal ».

Ce n'est pas vrai : la souffrance est telle que l'homme recommence à se révolter contre elle; il se soumet en ne voyant pas d'autre issue que la mort; il se soumet comme condamné, impuissant devant le fléau meurtrier qui le menace, le domine et l'écrase mais il se révolte aussi en choisissant la mort, avec son silence, son repos et sa paix; il se révolte en souhaitant la dernière volée d'obus qui mettra fin à son calvaire; il se révolte enfin en se refusant à être un éternel condamné, dont la souffrance n'a plus de limites et c'est le cri suprême... que tous ceux qui doivent être tués cessent enfin d'être condamnés!

Alors, après tant de souffrances, s'ajoutent les dernières, celles de la blessure grave, de l'évacuation douloureuse à travers les portes de secours, les ambulances. Ce qui fait encore le plus mal, c'est aussi la sensation d'abandon ou d'indifférence des autres car, là-haut, on a hâte de le voir s'en aller et en bas, c'est le domaine des soins douloureux, des corps douloureux, des plaies douloureuses, dont on a pas toujours le temps de « se mettre à l'écoute ». Alors dans son angoisse secrète, le blessé revoit toutes les images de son combat, de ses camarades tués ou disparus et il se demande si la dernière étape de son calvaire ne sera pas l'oubli. Son âme reste inquiète à la pensée, que, après tant de peine, tant de spectacles affreux, il ne pourra plus garder le souvenir intact de toutes ces choses, de tous ces gens, qui lui apparaîtront de plus en plus lointains et irréels. L'oubli est là, il le craint, prêt à prendre la relève; les morts vont sûrement disparaître dans son esprit, happés qu'ils seront par l'oubli comme ils l'ont été par la boue des Éparges, comme ont été aspirés ces blessés par la boue et sur lesquels il fallait marcher pour découvrir leur existence! Est ce que la chaleur des mains, le sang qui bat aux oreilles, la vie qui bouillonne vont apporter aux combattants cette ultime souffrance : la disparition, la dilution du souvenir comme pour tuer une deuxième fois ses malheureux camarades? « ... Et vous me dites ne pensez plus à nous... oh mes amis... est-ce possible? Il y avait moi parmi vous et maintenant il n'y a plus que vous. Que serais-je sans vous? mon bonheur même sans vous, que serait-il? »

Dans ce long cheminement au bout de la peine et la douleur, de la souffrance physique et morale, Maurice Genevoix nous a fait découvrir l'âme secrète des hommes, ces grandes victimes de la guerre qui les a dépouillés entièrement plus peut-être qu'elle ne les a écrasés : « ... On dit que nous faisons la guerre et c'est vrai que nous l'avons faite. Cela n'a pas duré longtemps. Puisque tout de suite, c'est elle qui nous a pris et conduits nous ne savons où... » Alors tout risque de disparaître, tout risque de s'estomper à cause d'une « guerre sordide qui nous ravale à son image : comme si en nous aussi, sous une bruine de tristesse et d'ennui s'élargissaient des flaques de boue »; mais après nous avoir montré la peine de ces soldats qui au départ, évoquaient les grognards de l'épopée napoléonienne et qui sont arrivés au charnier boueux et sanglant des Éparges, après nous avoir fait toucher du doigt ce sacrifice sublime de plusieurs mois, *Ceux de 14* nous obligent toujours à nous rappeler que ce qui a surtout de l'importance.

« ... C'est l'offrande consentie par les meilleurs d'entre eux : moins celui de leur vie que celle de leur obscure souffrance. »

Fraternité et déchirement
Genevoix et le 106ᵉ R. I.

par Gérard CANINI

Agrégé de l'Université

C'est le 25 avril, en forêt des Éparges que Maurice Genevoix a été grièvement blessé à trois reprises en quelques secondes. Essayons de préciser ces circonstances et les conditions d'intervention du 106ᵉ R. I.

Itinéraire du 106ᵉ d'août 14 à avril 1915

Ce régiment — depuis la mobilisation a été — comme ses homologues — constamment à la peine. Après les durs combats d'août et la retraite pénible depuis Longuyon jusqu'à Rembercourt-aux-Pots le 106ᵉ reprend sa marche en avant le 13 septembre. Avec le 132ᵉ R. I. il forme la 24ᵉ brigade (12ᵉ D. I.).

Le 17, il s'arrête quelques jours aux-avant postes au nord de Verdun. Puis il fait mouvement vers le sud et le 24 septembre il est au contact de l'ennemi au cours de furieuses empoignades dans la forêt des Hauts de Meuse où :

« Alors c'était l'inconnu, la fièvre des engagements incessants. Les blessés entre les lignes gémissent. On butait contre des morts tombés en travers des chemins (...) » (*Ceux de 14*, p. 167).

Le vendredi 9 octobre le 106ᵉ apprend qu'il est dirigé : « quelques kilomètres plus à l'est (...) juste à la limite des « Hauts » un petit patelin dans une vallée (...) le nom sonne franc et clair : (...) les Éparges. » (*ibid.*. 164). La tâche qui échoit à la brigade c'est la reconquête de la crête des Éparges — « Piton » — que l'ennemi a transformé en redoute fortifiée et d'où il a des vues sur la Woëvre et toute la ligne des côtes. Après une difficile et méthodique organisation du terrain (sapes creusées par la compagnie 14/15 du Génie) dans le froid, l'eau, la boue et une situation matérielle et tactique particulièrement défavorable l'attaque fut ordonnée le 17 février 1915. Le 106e placé sous le commandement du lieutenant-colonel Barjonnet a pour objectif l'éperon ouest des Éparges. Les pages 540 à 602 de *Ceux de 14* sont particulièrement consacrées à cet épisode. Les sacrifices furent tels de part et d'autre que le 22 février l'ennemi doit cesser provisoirement ses contre-attaques.

En témoignent les vers griffonnés sur un carnet de notes trouvé sur un soldat allemand du 50e R. I.

« La hauteur de Combres souvent on la cite
L'enfer de Combres voilà le nom qu'elle mériterait
On en revient couvert de boue et de sang
Et la folie erre dans notre sang (1) »

Les 5 et 8 avril le régiment est encore désigné avec le 132e pour reprendre l'attaque sur les Éparges. C'est donc une unité particulièrement éprouvée à laquelle appartient Genevoix. Qu'on en juge par la fréquence et l'ampleur des recomplètements. Le 1er août 1914 le régiment sur le pied de guerre, cadres au complet aligne avec ses 3 bataillons 2 073 soldats et caporaux, 88 sous-officiers (et 62 chevaux...). Dès le 25 août, après les combats des frontières il demande des renforts qui commencent à arriver du dépôt de Châlons le 27 : 17 officiers et 4 chevaux... Il est indicatif que parmi ces officiers 3 des 4 capitaines envoyés sont des capitaines retraités, et les 13 autres officiers sont des sous-lieutenants où lieutenants de réserve sauf 4 sous-lieutenants d'active. Mais ces 4 « d'active » viennent tout droit de Saint-Cyr, après une scolarité abrégée. Des enfants de 20 ans qu'on jette dans la guerre. Porchon est l'un d'eux (2). Le 11 septembre — après l'affaire de Vaux-Marie, arrivent toujours du dépôt de Châlons 3 officiers, 260 hommes (et 1 cheval...) complétés le 17 septembre par 505 réservistes. Le régiment est loin cependant d'avoir retrouvé un encadrement normal. Le 15 septembre en effet, pour combler les vides il est nécessaire de procéder à une nomination globale d'officiers : 9 sous-officiers (6 de réserve et 3 d'active) sont promus sous-lieutenant à titre temporaire en même temps que le capitaine Bord nommé chef de bataillon à titre temporaire prend la responsabilité du régiment. Notons qu'à cette date des douze compagnies du 106e deux seulement sont commandées par des capitaines; toutes les autres ont à leur tête des lieutenants et sous-lieutenants en majorité de réserve; et les 3 bataillons sont placés sous les ordres de capitaines (3). Après les combats dans les forêts des Hauts de Meuse (septembre 1914) le 106e reçoit de nouveaux renforts :

466 soldats, 32 sous-officiers et 4 officiers le 30 octobre complétés par 61 hommes et 7 officiers le lendemain (4). Ce dernier contingent traduit bien des difficultés d'effectifs instruits car il s'agit essentiellement de soldats du Train des Équipages qui, au train de combat relèvent des soldats du 106e ainsi rendus disponibles pour les sections de combat. Les blessés de la Marne (guéris?) rejoignent aussi dont le commandant Bestagne atteint le 10 septembre à la Vaux-Marie (5). Indicatif aussi le fait que le 24 décembre 1914 avec les renforts qui proviennent du dépôt (2 officiers, 10 sous-officiers) se trouvent aussi « 221 jeunes soldats qui sont laissés à Rupt pour parfaire leur instruction avec un cadre spécial » (6). Ils sont jugés encore inaptes à affronter le feu. Cette crise semble s'amplifier en mars; en effet pour compléter les bataillons durement éprouvés par les attaques de février on doit faire appel aux dépôts de 3 régiments (les 106e, 74e, 44e). Ce qui permet d'envoyer au 106e les 3 et 4 mars 1915 746 hommes mais aucun officier. C'est d'ailleurs à cette date que Genevoix passe de la 7e à la 5e compagnie dont il prend le commandement le 3 mars avec le grade de lieutenant (7).

Le 106e régiment d'infanterie a donc beaucoup souffert mais si le cas n'est pas exceptionnel, il est indéniable que l'acharnement mis par le commandement à vouloir s'emparer de la crête des Éparges explique assez cette hécatombe. Le courage des hommes ne prévaut point contre le feu, cela a été assez dit et vérifié. Lors des attaques des 17 au 21 février 1915 le 106e a perdu 7 officiers tués, 15 blessés, et 2 disparus et en hommes : 174 tués, 451 blessés et 126 disparus. Au total la 12 D. I. (106e, 132e, 67e, 173e R. I.) a perdu 22 officiers tués, 31 blessés, 4 disparus et 2 080 hommes hors de combat dont 375 tués, 1 107 blessés et 598 disparus (8). Malgré l'optimisme du général Paulinier commandant la 12e D. I. il est clair que les hommes sont éprouvés; le texte de *Ceux de 14* est s'en fait l'écho douloureux (9). L'ordre de bataille du 106e au 21 février est éloquent : sur 12 compagnies deux seulement ont encore un chef. Toutes les autres sont à peu près totalement privées de cadres; certaines n'en ont plus du tout. (*cf.* document 1.) Début avril les assauts créent les mêmes vides et épuisent corps et esprits. Les ordres donnés, dans leur indispensable exigence de s'emparer de la crête aboutissent inéluctablement au massacre. Le 8, le général commandant le 6e C. A. Herr, donne directement à 20 h, au 132e l'ordre d'enlever « coûte que coûte » le point X avant deux heures du matin. Le colonel Gramat (commandant la 24e brigade) transmet l'ordre en insistant particulièrement sur son exécution (10). Les instructions données en cours d'opérations sont exempts de toute ambiguïté (11).

Le résultat, loin d'être du « bénéfice net » comme l'estimait peut-être imprudemment le général Herr (12) se solde pour la 12ᵉ D. I., du 5 au 10 avril par 67 officiers et 3 950 hommes hors de combat. En fait Herr avait conscience de l'épuisement de ses troupes d'assaut, le 106ᵉ et le 25ᵉ B. C. P. sont à bout. Le colonel Gramat insiste sur cette fatigue extrême (13).

Cela décide Herr à demander à l'Armée ce même 10 avril la relève des unités des Éparges (14). Au repos à Dieue les bataillons, même recomplétés accusent des vides : le 12 avril si le 106ᵉ n'est plus qu'à l'effectif de 32 officiers et 1 650 hommes, c'est le 67ᵉ qui a le plus souffert et qui à la même date ne dispose plus que de 25 officiers et 1 316 hommes. Ce climat inquiétant incite le commandement à demander un rapport sur l'état moral de la 12ᵉ division. Le résultat n'est pas très encourageant. Seul le 54ᵉ R. I. est estimé avoir un bon moral. Est-ce parce qu'il a relativement moins souffert? C'est lui en effet, qui conserve à l'issue de ces assauts le meilleur effectif : 49 officiers et 2 350 hommes. Le 106ᵉ a un « moral relativement bon parce que le régiment est bien commandé mais son effectif est fortement réduit et il a besoin de repos. » Au 132ᵉ « l'état moral est très bas parce que le régiment est depuis 5 mois aux Éparges (...) cadres et effectifs constamment éprouvés sont constamment renouvelés (...) » tandis que le 67ᵉ présente un « état moral très bas... le régiment a éprouvé des pertes considérables (...) il ne reste qu'un seul officier supérieur, pas de capitaine, les autres officiers sont des lieutenants ou sous-lieutenants dont beaucoup sont récemment nommés » (15). Ces rapports sont suffisamment éloquents. Aussi, du 12 au 24 avril les renforts arrivent; le 106ᵉ reçoit 1 120 hommes et la 12ᵉ D. I. en tout 3 370 hommes. Mais la situation de cette division ne s'améliore que lentement. Seul le 301ᵉ qui lui a été ajouté pour la relève demandée et qui — aux Éparges — perd 270 hommes et 13 officiers en douze jours, conserve un bon moral. Mis à part le 54ᵉ, les régiments de la 12ᵉ D. I. — indépendamment de la fatigue physique et morale — ne présentent aucune cohésion, les cadres ne connaissent pas la troupe et inversement. C'est pour tenter de remédier à cette situation que l'instruction menée du 12 au 24 avril insiste sur l'amalgame des renforts avec les soldats déjà chevronnés (16).

L'attaque du 24 avril 1915

C'est dans ces conditions que survient l'affaire du 24 avril 1915. Le 21 avril à midi les Allemands commencent un bombardement intense avec 19 batteries de 150 et 210 sur le front des Éparges. Cette préparation d'artillerie — avec des temps de répit — est menée trois jours durant (17). Il s'agit pour l'assaillant de peser sur le centre et à l'est de la crête proprement dite des Éparges tandis que plus au sud il attaque à fond en direction de la Tranchée de Calonne.

Le 24 à 11 h 20, après un pilonnage au minnenwerfer cette attaque se déclenche et elle surprend les troupes françaises. A l'état-major de la 12ᵉ D. I. on est vite conscient du péril. Un télégramme rend compte qu'à 13 h la première ligne a cédé (18), le 67ᵉ R. I. et un bataillon du 301ᵉ qui tenaient la position sont submergés. A 12 h le 54ᵉ est alerté à Rupt et il envoie immédiatement deux bataillons au carrefour Calonne — Route de Mouilly. Sa mission est de contre-attaquer nord-sud, à cheval sur la route de la Tranchée de Calonne. Le 3ᵉ bataillon du 54ᵉ est mis en réserve tout près de là dans la clairière au sud de Mouilly. Alerté à la même heure — départ 13 h — le 106ᵉ se dirige sur Rupt où ses 1ᵉʳ et 2ᵉ bataillons arrivent à 15 h 30. Là-dessus le *Journal de marche officiel* est précis. Donc Genevoix est à Rupt le 24 à 15 h 30 avec sa compagnie (5ᵉ du 2ᵉ bataillon). Mais la situation se dégrade très vite. A peine à Rupt le 2ᵉ bataillon reçoit l'ordre — 16 h 20 — de gagner la cote 372 au N.-E. de Mouilly; de là, il pousse deux compagnies (les 6ᵉ et 8ᵉ) vers le carrefour Mouilly-les Éparges-Tranchée de Calonne (19). L'assaut allemand est allé très loin ce 24 avril. A 21 h ce jour-là (*cf.* document 2) les éléments avancés allemands ont largement débordé le carrefour Saint-Rémy-Calonne. Et les deuxièmes positions n'existent pas (20). Cette brusque progression fit tomber aux mains des assaillants des pièces lourdes de 155 C.T.R. Rimailho et des pièces de 220, 90, et 75. Appuyés sur le village des Éparges, à la gauche du dispositif français des éléments du 128ᵉ R. I. se heurtent directement à l'assaillant : « Les Allemands sont à 100 m du carrefour des Taillis de Saulx. Une compagnie tient. J'arrive avec mes deux compagnies. Plus d'infanterie française en avant de moi. Les Allemands ont pris des pièces de 155 et de 75. Je vais attaquer. » Mouloise Cdt. le 128ᵉ (*cf.* document 3). Déclenchée dans l'après-midi, la contre-attaque du 54ᵉ stabilise quelque peu la situation en fin de journée (21). A 22 h le lieutenant-colonel commandant le 54ᵉ rend compte que « 6 compagnies du 106ᵉ tiennent les tranchées de la route Mouilly-Saint-Rémy à cheval sur le chemin de Calonne » (22).

A l'aube du 25 la situation est loin d'être claire. L'état-major en désarroi, malgré la reprise de quelques batteries par le 128ᵉ et le 54ᵉ contrôle mal une situation d'autant plus inquiétante que les numéros des régiments des prisonniers révèlent la présence — sur le front d'attaque — d'au moins une division. La clé de la position est la cote 340 que menacent les Allemands. Plus grave : une brèche semble se dessiner précisément face à 340. Il faut d'urgence contre-attaquer dans cette direction et d'abord occuper le terrain. Le reste du 2ᵉ bataillon du

106e qui a passé la nuit à la cote 372 au nord-est de Mouilly (sauf les deux compagnies déjà poussées sur le carrefour pour renforcer le 54e) quitte 372 pour gagner 340 (*cf.* document 4). A 6 h les 5e et 7e compagnies viennent opérer la liaison entre le 54e et le 301e R. I. pour tenter de combler la brèche. La compagnie de Genevoix se trouve donc au contact au début de la matinée du 25 (23). Il n'est pas question de fléchir. Le général commandant la 12e D. I. a tout jeté dans la bataille : il n'a plus de réserves (24). La matinée s'avance. Les compagnies du 106e — sous les balles des tirailleurs ennemis tout proches « le 106e est au contact à 50 m de l'ennemi (...) » (*cf.* document 5) s'organisent fébrilement. D'un bout à l'autre de la ligne tenue par sa compagnie Genevoix s'active, vérifie les ordres, encourage, conseille, rassure, en mot commande. Des hommes tombent. Peu d'obus encore; surtout les balles des tireurs ennemis dont on aperçoit les silhouettes (25). La 5e compagnie creuse ses trous et les relie par un élément de tranchée. Tout le monde, 106e et 301e mêlés travaille avec acharnement à organiser la ligne de résistance tandis qu'on distingue les fantassins allemands et leurs estafettes à cheval se profiler à quelques dizaines de mètres derrière la faible hauteur de la cote 340 (26). Entre deux ordres les officiers chefs de section font le coup de feu : « Dast est debout, un fusil à l'épaule (...) » (*Ceux de 14*, page 662). Cette activité fiévreuse cache mal une sourde inquiétude dont l'œuvre de Genevoix se fait l'écho. Sa 5e compagnie est à la gauche du dispositif français dans les Bois Hauts face à 340. Direction sud-est; la liaison avec le 128e qui s'appuie sur le village des Eparges (28) est précaire. Les hommes qui s'acharnent à tenir une ligne qu'ils ébauchent à coups d'outils portatifs craignent d'être tournés. Il s'agit surtout de s'organiser sur place, de se renforcer pour préparer une contre-attaque sur 340. Cette contre-attaque doit être effectuée par deux bataillons du 106e, des éléments du 54e, du 301e qui forment un groupement sous les ordres du lieutenant-colonel Barjonnet commandant le 106e. Toute cette matinée donc — sous la fusillade et les obus, au contact — on se prépare à résister d'abord à reprendre le terrain perdu ensuite. Genevoix ne connaît pas un instant de répit. Il est partout où sa présence est nécessaire; il ne perd pas de vue ses chefs de section. Derrière lui au carrefour on organise activement une deuxième position (29). Quelle heure peut-il être? C'est à l'aube du 25 avril que la compagnie de Genevoix a gagné les positions où elle se retranche. Il doit donc être environ 8 heures du matin. C'est à ce moment-là que Genevoix a été blessé. Tout à son affaire de commander et de faire abriter ses hommes : « J'atteins la droite, reviens vers le centre (...) » (*Ceux de 14*, p. 663) il ne s'aperçoit pas qu'il passe devant une trouée repérée par les tireurs allemands et l'espace d'un éclair il est touché à trois reprises (30). C'est fini pour lui. Du moins le combat actif. Les dernières pages de *Ceux de 14* sont d'un homme déchiré. Déchiré dans sa chair, meurtri; devenu lui-même gibier traqué qui sous les trois balles qui frappent coup sur coup n'a plus le réflexe physique de s'écarter de la ligne de tir. Son corps sanglant lui devient étranger. A la lettre il est frappé d'étonnement et de stupeur devant ce qui lui arrive. Il devient le spectateur de sa propre destruction physique : « Sous mes yeux un lambeau d'étoffe saute, au choc mat d'une troisième balle. Stupide je vois sur ma poitrine, à gauche de l'aisselle, un profond sillon de chair rouge (...) (*Ceux de 14*, page 664). Il est traîné, ramené par ses hommes. Rive (31) son chef de bataillon le fait évacuer sur Mouilly où Le Labousse (32) médecin du 2e bataillon le dirige sur Rupt d'où il sera évacué sur Verdun et hospitalisé dans la nuit comme intransportable. Mais homme également déchiré dans son âme : il abandonne ses compagnons d'épreuves, sa compagnie et il ressent cela comme une profonde et douloureuse injustice.

« Et ma guerre est finie. Je les ai tous quittés ceux qui sont morts près de moi, ceux que j'ai laissés dans le layon de la forêt aventurés au péril de mort (...) (*Ceux de 14*, page 668).

Le 106e souffrira encore. Le lendemain 26 avril prévenant l'assaut du groupement Barjonnet les Allemands prononcent un effort qui oblige le 106e à rétrograder dans le Bois Haut tandis que le 54e recule jusqu'à la côte Senoux. Mais le sacrifice des 24 et 25 avril avait permis de fortifier le carrefour Mouilly — Calonne — Les Eparges où se heurte l'assaut ennemi. C'est Dast qui a pris le commandement de la 5e compagnie et qui continue le combat (*cf.* document 6). Le 27 l'affaire cesse.

Et les pertes, toujours.

Du 24 au 29 avril, le 106e a eu 8 officiers blessés dont Genevoix et 3 disparus et 107 hommes tués, 420 blessés, 130 disparus. Un bon tiers du régiment est hors de combat. Toute la 12e D. I. engagée dans cette attaque du 24 avril a d'ailleurs été durement malmenée. Les pertes se soldent par : 21 officiers tués, 56 blessés, 41 disparus et 7 089 hommes hors de combat (710 tués, 2 771 blessés, 3 608 disparus.) Autant dire que la 12e D. I. qui venait d'être péniblement reconstituée est à nouveau inutilisable pour de longues semaines. (On notera par ailleurs le nombre important de disparus qui s'explique par la confusion de la situation et des combats en forêt.) Le général Paulinier, commandant la 12e D. I. a le courage de conclure le rapport qu'il rédige sur ces journées par ces mots :

« Tous les cadres ont fait leur devoir (...) si l'on juge en haut lieu qu'une faute de commandement a été commise cette faute est entièrement de mon fait et que seul je dois en porter la responsabilité (33) ».

1. Traduction. Les Allemands appelaient les Eparges la Hauteur de Combres (Service Historique de l'Armée de Terre, 25 N 89).
2. « Il y a, pour la 7e (...) un élève de St-Cyr, frais galonné, visage osseux, nez puissant et bon enfant qui vient d'arriver avec moi du dépôt. » *Ceux de 14*, p. 18., *cf.* la photo de Porchon, page 139. Le *Journal de Marche officiel du 106e* confirme bien que Porchon et Genevoix rejoignent le même jour le régiment, cf. page 4 de couverture.
3-4. *J.M.O.*, 106e R. I., S.H.A.T., 26 N 677. et *Historiques du 106e R. I : Historique Anonyme.* Châlons-Sur-Marne. 1920, in 8o, 101 pages et *Historique anonyme,* fascicule polycopié, in 4o, 21. (S.H.A.T. A 2g 5051 (5))
Mais tout aussi grave aussi est la disparition des gradés, petits cadres indispensables dans leur rôle militaire et humain. Genevoix le remarque avec tristesse :
« Alors, plus un sergent? Plus un caporal? Alors toutes ces escouades dont chacune, jour après jour, resserre entre les siens tant de liens rudes et chaleureux, les voici donc privées du chef qui surveille en camarade, qui soutient aux heures difficiles de sa constante présence! Je les connaissais si bien ceux que je perds aujourd'hui (...) » *Ceux de 14*, p. 97.
Nous avons déjà remarqué que certains de ces sous-officiers quittent les escouades parcequ'ils sont promus officiers car on manque de chefs de section.
5. « ... C'est Dangeon! Bien quoi alors? (...) quand as-tu rejoint? Il y a huit jours déjà, le 3. Ça n'a pas traîné : une balle dans un bras le 6 septembre à Sommaisne. Evacuation (...) hôpital (...) dépôt (...) en trois semaines et quelques jours, tout était bâclé. J'ai repris ma place à la 5e juste pour le Bois Loclont (...) » *Ceux de 14*, p. 178.
Mais aussi ceux qu'on renvoie à leur corps insuffisamment soignés, encore couverts de pansements comme ces trois soldats de Genevoix, blessés le 10 septembre à Rembercourt-aux-Pots et qui rejoignent le 23 septembre :
« Trois hommes se présentent à moi (...) tous les trois sont parmi mes meilleurs soldats (...) mais je m'aperçois soudain qu'ils ont les yeux gonflés, le visage blême et creux et que Beaurain et Raynaud portent encore à la main un pansement sordide (...). Croyez-vous qu'c'est malheureux, dites, mon lieutenant? Treize jours qu'on est blessé, et pas guéris et renvoyés au feu comme ça, moi avec mon bras qui rend l'humeur encore et Beaurain avec son doigt qui pourrit (...) » *Ceux de 14*, p. 82.
6. « ... Tous ces jeunes qui passaient, rang par rang à n'en plus finir (...) je me demandais avec un affreux serrement de cœur en regardant cette foule harassée, ces reins ployés, ces fronts inclinés vers la terre lesquels de ces enfants habillés en soldats portaient déjà, ce soir, leur cadavre sur leur dos (...) » *Ceux de 14*, p. 426-7.
7. L'ordre de bataille du *J.M.O.* du 106e R. I. à la date du 1er avril 1915 indique que Genevoix prit le commandement de la 5e compagnie le 20 mars. Genevoix dans *Ceux de 14* donne la date du 3 mars. Cette dernière est plus logique; elle est en liaison avec les renforts qui arrivent cf. *Ceux de 14*, p. 611 : « Décision : le lieutenant Genevoix est muté de la 7e à la 5e compagnie dont il prendra le commandement (...) » Dans les *Feuillets inédits* joints aux *Carnets* c'est la date du 28 février qui tranche la question : « 28 février : J'ai dû prendre une compagnie décimée, privée de cadres (...) »
8. S.H.A.T., 22 N 310 et 24 N 227.

9. « Les renforts récemment arrivés au 106ᵉ et au 132ᵉ ont suffisamment renforcé l'effectif des compagnies de ces régiments pour que la 24ᵉ brigade puisse avec ses propres ressources assurer la possession de la crête des Éparges tout en accordant aux troupes un repos suffisant (...) » Général Paulinier commandant la 24ᵉ brigade mais à confronter avec le témoin :

« Ce dithyrambe à notre gloire qu'un officier d'état-major a chanté, en revenant d'une mission aux Éparges? (...) il avait vu des hommes dans la boue (..) des hommes qui restent là. Ils ont pris la colline des Éparges (...) *Ils ne demandent qu'à recommencer* » (souligné par Genevoix), *Ceux de 14*, p. 665.

10. « 8 avril 20 h. Ordre téléphoné » :

« (...) enlever coûte que coûte, cette nuit avant deux heures du matin, à la baïonnette le point X (...) » S.H.A.T., 23 N 310.

11. Ordre téléphoné à 9 h 50 (le 8 avril) :

« Faire dire par tout moyen ordre à troupes massées contre le talus à l'est de O' de marcher à tout prix sur X (...) »

et à 9 h 55, au 106ᵉ :

« Appuyez par toutes les troupes que vous pourrez rendre disponibles les troupes en C et les chasseurs à votre gauche (exécution) immédiate et qu'on s'installe solidement » (brigade à régiment), S.H.A.T., 22 N 310.

12. S.H.A.T., 6 N 21. Il s'agit d'un entretien qui a eu lieu en octobre 1915 entre le général Herr et Georges Batault de la *Gazette de Lausanne*. Le texte est dans le ton conventionnel propre à ce genre d'interview. Herr y est présenté « tout simplement comme un héros » ce qui est banal en l'occurrence mais aussi comme le « roi des artilleurs ». Pour excessive qu'elle soit cette qualification est loin d'être fausse. Plus contestables sont les propos que l'on fait tenir à Herr de l'opération des Éparges, quand il dit par exemple : « (...) L'entreprise n'était pas facile. Tenez, c'était un peu comme de grimper à un mât de cocagne bien savonné avec quelqu'un au-dessus de vous qui vous donne des coups de pieds sur la tête (...) L'opération en valait la peine, nous y avons mis le prix, nous avons perdu du monde, mais les Allemands aussi (...) et cela c'est du bénéfice net (...) » L'article a été censuré. A cause de ses indications sur les opérations des Éparges? Elles paraissent plutôt faibles. Par les excès laudatifs irritants au lecteur informé? Peut-être. Il est certain qu'écrire que : « (...) Ce général s'expose trop. Quand on bombarde violemment quelques-uns des points de son secteur le général ne peut se retenir : « Allons voir dit-il où tombent les obus. » Et il arrive, alerte, insouciant dans les endroits qui sont soumis à un feu intense dont il constate les effets en connaisseur ». Ces propos ne pouvaient qu'agacer les combattants des Éparges. Au surplus il est évident que la place d'un commandant de division n'est pas au premier rang sous les obus.

13. (10 avril 6 h 30.) « Colonel 106ᵉ et commandant 25ᵉ chasseurs signale (*sic*) l'affaiblissement considérable de leurs troupes par suite des pertes et l'extrême fatigue et déclare (*sic*) qu'il serait nécessaire de les relever au plûtot. Je n'ai aucun moyen de le faire (...) pertes en cadres sont très grandes. Au 25ᵉ Bᴼᴺ il reste seulement 3 officiers » Colonel Gramat. Nous respectons volontairement l'orthographe du secrétaire qui a griffonné hâtivement ce compte rendu téléphoné. (S.H.A.T., 22 N 310.)

14. « Dieue, état-major à Toul Faïencerie ».

Télégramme. 10 avril 12 h 30 :

« Il est indispensable, pour assurer la défense des Éparges que partie des troupes de sa garnison décimée et à bout de forces soit relevée aujourd'hui même. Je ne possède plus aucun élément disponible pour cette relève (...) » (S.H.A.T., 22 N 309). Sur ces journées d'avril Genevoix est bref, comme si son récit a épuisé toute son horreur lors de la relation des attaques de février. Il est symptomatique d'ailleurs qu'il reprend à cette occasion le style dépouillé du carnet de notes. *Ceux de 14*, p. 632-6.

Pour le 7 avril par exemple on ne trouve que : « quelques mots seulement : je ne puis vous donner que de pauvres minutes volées, car nous sommes, une fois encore, en pleine bataille (...) » *Ceux de 14*, p. 634-5.

15-16. S.H.A.T., 24 N 277.

17. L'ouvrage du commandant R. de Ferriet : *La crête des Éparges 1914-1918*, Payot, 1939, n'évoque cette attaque qu'en quelques mots seulement, pages 164-65 et note 1 page 165.

18. Les avis divergent quelque peu sur l'heure de l'attaque du 24 avril. Le *J.M.O.* du 106ᵉ R. I. est muet là-dessus; les pièces d'archives de la 12ᵉ D. I. donnent 11 h 20; heure que nous retenons car elle est pratiquement confirmée par le télégramme officiel annonçant l'assaut qui est parvenu à la 1ʳᵉ Armée à 14 h 45; et il situe la prise des premières lignes à 13 h. État-major Dieue à état-major Ligny : « Très formidable bombardement, ennemi a très fortement attaqué Tranchée de Calonne. 13 heures, 1ʳᵉ ligne cédée. Je fais garnir deuxième ligne (...) » (S.H.A.T., 22 N 310). Par contre le compte rendu officiel des opérations de la 12ᵉ D. I. expédié sous le timbre du 6ᵉ C. A. (pièce 169/5) mentionne 13 h : « Le tir de l'artillerie cessa et l'infanterie allemande prononça une attaque de part et d'autre de la Tranchée de Calonne... » S.H.A.T., 22 N 309. Genevoix quant à lui est toujours extrêmement précis et ce qu'il indique se recoupe généralement avec les documents officiels originaux. « 24 avril. Depuis deux jours nous entendions vers l'Est le grondement d'un marmitage (...) parfois les canons se taisaient (...) il était midi lorsque l'ordre est arrivé : « Départ 13 h, direction Rupt-en-Woëvre (...) » *Ceux de 14*, p. 656. Ceci est confirmé par le *J.M.O. du Service de Santé du 106ᵉ* : « 24 avril : alerte pour le 106ᵉ (...) le 2ᵉ bataillon part à 14 h pour la Tranchée de Calonne (...) service de santé à Rupt (...) » (*J.M.O. Service de Santé*, S.H.A.T., 22 N 677).

19. *J.M.O. 106ᵉ*. S.H.A.T., 22 N 677 et Genevoix : « en avant de nous les batteries de la cote 372 tiraient par sèches volées précipitées. (...) » *Ceux de 14*, p. 657.

20. « C'était très simple : l'attaque allemande prononcée dans les bois au sud-ouest des Éparges avait poussé au nord dans l'axe de la Calonne (...) plusieurs de nos pièces lourdes étaient tombées aux mains des Allemands (...) l'heure était angoissante : les Allemands sur leur front d'attaque avaient pris pied dans notre première ligne; notre seconde ligne n'existait guère (...) *Ceux de 14*, p. 659. Genevoix, *Ceux de 14*, p. 659, dit que c'est le 54ᵉ qui a cédé. « Le 54ᵉ, surpris, avait fléchi derrière sa première ligne (...) ». Or cela ne se recoupe pas avec le *J.M.O.* du 106ᵉ et le rapport officiel du général Paulinier commandant la 12ᵉ D. I. rapport qui a été rédigé dès le lendemain 25 avril et que nous avons déjà cité : (*cf.* note 18) la minute dactylographiée de ce rapport indique nettement que c'est le 67ᵉ qui a été bousculé : « Devant cette attaque violente et soudaine le 67ᵉ régiment d'infanterie qui occupait nos tranchées cède (...) les Allemands purent ainsi atteindre un moment la route Mouilly — Les Éparges et pousser des éléments avancés dans le Bois Haut (...) » S.H.A.T., 22 N 309. Ce même rapport précise que le 54ᵉ, au repos à Rupt, alerté, avait également pris les armes et c'est lui qu'on envoie immédiatement sur la route de la Calonne pour contre-attaquer.

21. 16 h 30. Le 54ᵉ prononce son attaque et fait reconnaître le carrefour Mouilly-St-Rémy-Tranchée de Calonne (...) S.H.A.T., 24 N 229.

22. S.H.A.T., 22 N 310. Compte rendu autographe du lieutenant-colonel commandant le 54ᵉ. Pour mieux suivre ces événements :
— se reporter aux cartes suivantes :
— Vigneulles-les-Hattonchâtel, feuille XXXII, 13, 1/50 000, édition 1953, et
— Vigneulles, nº 3-4, 1/25 000.

On verra combien cette côte 340 commande nettement ce secteur de combat notamment en ouvrant l'accès au village des Éparges par les ravins de Sonvau et Genouseveau.

23. «(...) Nous marchons. Quand nous levons les yeux nous voyons s'agrandir un ciel d'une pâleur limpide (...) il fera beau temps aujourd'hui (...) un colonel vient au-devant de nous, celui du 54ᵉ (...) écoutez Genevoix (...) voilà dit le commandant. Il y a un trou que nous allons boucher, le 54ᵉ à notre droite, le 301ᵉ à notre gauche (...) notre mission est on ne peut plus simple : tenir, pendant qu'on organise le carrefour derrière nous (...) » Ceux de 14, p. 660.

24. Rapport général Paulinier (24 N 227).

25. «... un jeune est couché sur le dos frappé d'une balle (...) car les balles claquent à présent. Des feuilles hachées tournoient. Hobeniche tombe, la tête fracassée (...) d'un bout à l'autre de la ligne, ils tombent (...) les balles claquent, sèches, pressées (...) des feuilles déchiquetées tournoient, légères, parmi les durs claquements des balles (...) » Ceux de 14, p. 662. Notons dans cette page les accumulations du mot balle, comme si dans le récit l'auteur voulait nous faire pressentir que ces balles qui claquent et sifflent serrées à présent vont bientôt le frapper.

26. « On ne voit plus les fantassins allemands qui remuaient dans les éclaircies. Ils ont dû se coucher à plat ventre; ils tirent toujours; les balles ne cessent point de claquer. Là-bas! Là-bas! La cavalerie boche! Des cavaliers en file galopent derrière 340... » Ceux de 14, p. 663.

27. Genevoix avait sous ses ordres, au 1ᵉʳ avril, trois sous-lieutenants. Joy affecté le 4-3-1915 (active), Cherret affecté le 28-3-1915 (active) et Prat affecté le 14 novembre 1914 (réserve). Dans Ceux de 14 il donne des pseudonymes qui recouvrent les noms réels : Dast, Wang, Sansois, Salager. Qui est Dast? En raison de la familière amitié qui les unit, (Dast tutoie Genevoix) et qui provient d'une déjà longue camaraderie Dast ne peut être que Prat. Notons également la similitude des noms. « Un revenant de plus ce Dast, une épave de la Marne renflouée; maigre, vibrant, tout en nerfs, il a des sautes d'humeur qui déconcertent, des crises de gaîté trépidantes coupées d'accablements profonds : inquiétant et charmeur il attire et il échappe, il séduit et il décourage. » Ceux de 14, p. 532. Remarquons enfin que tous les officiers de la 5ᵉ sont nommés à titre temporaire. (Au 106ᵉ, 34 officiers sur 61, état-major compris, sont nommés à titre temporaire).
Enfin ces affectations récentes expliquent et confirment l'appréciation du général Paulinier selon laquelle les cadres ne connaissent pas suffisamment leurs hommes (cf. J.M.O. 106ᵉ, 26 N 677).

28. « Le carrefour et la tranchée (de Calonne) sont violemment bombardés par 105 venant du sud. Liaison avec 128 établie avec 67ᵉ et quelques éléments du 301ᵉ vers la droite, mais il y a entre ces unités un espace vide de 500 mètres environ » (note au crayon provenant d'un officier du 54ᵉ S.H.A.T., 24 N 229).

29. « Dast me parle, et déjà, à cause du vacarme il est obligé de crier » : Tu peux retourner au centre! Je réponds de mon coin — que je sache seulement où tu es (...) Encore une fois je parcours la ligne d'un bout à l'autre. À tous mes tirailleurs je redis les mêmes phrases en passant « Laissez-les tirer; abritez-vous d'abord » Ceux de 14, p. 663.

30. « (...) Abritez-vous! Je suis tout près d'eux, je leur crie » qu'est-ce qu'il y a? Baissez-vous! Il y a une trouée! Ils voient (...). Trop tard : je suis tombé un genou en terre. Dur et sec un choc a heurté mon bras gauche (...) Ceux de 14, p. 663-4.

31. Pseudonyme de Bord; active; commandant à titre temporaire; chef du 2ᵉ bataillon depuis le 19 mars 1915. Rive-Bord avait été le commandant de compagnie de Genevoix à la 7ᵉ. L'accord ne s'était pas fait tout seul au début semble-t-il : « Vous veniez de Normale supérieure. Je n'aime pas beaucoup cette école... vous ne m'avez pas fait très bonne impression (...) Ceux de 14, p. 456.

32. Le Labousse, en réalité Lagarrigue, médecin aide-major de 2ᵉ classe. Au passage on note dans le récit de Genevoix une indication précieuse de chronologie. En effet quand il passe à Dieue, souffrant, il se souvient que la veille : « vers 10 h du matin comme chaque jour (...) nous étions à Dieue (...) » Il est donc évacué sur Dieue vers 10-11 heures du matin; ce qui compte tenu du temps pour être évacué place la blessure aux alentours de 8 heures. *Ceux de 14*, p. 667.

33. S.H.A.T., 24 N 227. Rapport Paulinier, 30 avril 1915.

106ᵉ Régiment d'Infanterie   13

Ordre de Bataille (après les combats des 17-18-19-20 Fév.)

État Major du Régiment

Le Colonel — Barjonet commandant le Régiment
Capitaine adjoint — Jacquin Capitaine commandant la C.H.R.
Porte drapeau
Officier d'approvisionnement — Jourdain ss Lieutenant
Officier de détails — Duchesseau ss lieutenant
ss Lieut. chef du service téléphonique — Guireux Lieutenant agent de liaison à l'E.M de la 21ᵉ Brigade
Médecin Major chef de service — Renard Médecin Major de 1ʳᵉ classe
Chef de Musique — Guerin Chef de musique de 1ʳᵉ classe

Cⁱᵉ de mitrailleuses
Commandant de la Cⁱᵉ — Dumas Lieutenant
ss Lieutenant — Bertrand ss lieutenant

		1ᵉʳ Bataillon			
		Chef de Bataillon : Gérard Cap. d'active cdt prov. le Bataillon			
		Officier adjoint "			
		Médecin Major : Pichancourt Mⁿ A. Major de 2ᵉ classe			
		1ʳᵉ Cⁱᵉ	2ᵉ Cⁱᵉ	3ᵉ Cⁱᵉ	4ᵉ Cⁱᵉ
Capitaine {	Active			Rollin	
	Réserve				
Lieutenant {	Active				
	Réserve	Lallemand Adam	Person Chaumette	Grimaux Schintz	Marchetti
ss Lieutenant {	Active				
	Réserve				
	Territorial	Dacheux			

		2ᵉ Bataillon			
		Chef de Bataillon Maréchal			
		Officier adjoint			
		Médecin Major Lagarrigue			
		5ᵉ Cⁱᵉ	6ᵉ Cⁱᵉ	7ᵉ Cⁱᵉ	8ᵉ Cⁱᵉ
Capitaine {	Active			Piard	
	Réserve				
Lieutenant {	Active				
	Réserve				
ss Lieutenant {	Active			Bruy	Vannier
	Réserve			Génevois	Prat

		3ᵉ Bataillon			
		Chef de Bataillon Altmayer Capitaine d'Active cdt prov. le Bⁿ			
		Officier adjoint			
		Médecin Major			
		9ᵉ Cⁱᵉ	10ᵉ Cⁱᵉ	11ᵉ Cⁱᵉ	12ᵉ Cⁱᵉ
Capitaine {	Active				
	Réserve				
Lieutenant {	Active		Lavaud		
	Réserve				
ss Lieutenant {	Active		Mongone	Quinardel	
	Réserve				

Mesnil, le 21 Février 1915

Document 1
Origine : Journal de marche officiel du 106ᵉ R.I.
Ordre de bataille le 21 février 1915
(S.H.A.T. 26 N 677)

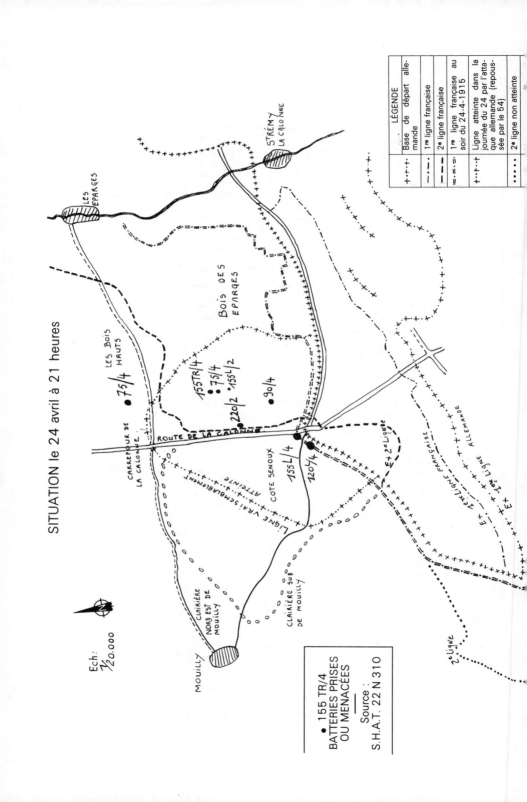

SITUATION le 24 avril à 21 heures

Ech: 1/20.000

LES EPARGES

STRÉM / LA CALONNE

LES BOIS HAUTS

Bois DES EPARGES

155TR/4   75/4
220/2 155-/2
90/4

CARREFOUR DE LA CALONNE

ROUTE DE LA CALONNE

155 L/4
120/4

COTE SENOUX

LIGNE VRAISCHBLABLEMENT ATTEINTE

EX 2e LIGNE

EX 1re LIGNE ALLEMANDE
EX 2e LIGNE ALLEMANDE

1re EX LIGNE FRANÇAISE

2e ligne

MOUILLY

CLAIRIÈRE NORD EST DE MOUILLY

CLAIRIÈRE SUD DE MOUILLY

● 155 TR/4
BATTERIES PRISES
OU MENACÉES

Source :
S.H.A.T. 22 N 310

LÉGENDE

+++++ Base de départ alle-
       mande

—·—·— 1re ligne française

—·—·— 2e ligne française

═·═·═ 1re ligne française au
       soir du 24-4-1915

++++ Ligne atteinte dans la
      journée du 24 par l'atta-
      que allemande (repous-
      sée par le 54)

······ 2e ligne non atteinte

Note du commandant Mouloise du 128ᵉ
au général Gramat commandant la 24ᵉ brigade
le 24 avril 1915. *Cf.* page 113.
(S.H.A.T. 24 N 229)

SITUATION le 25 avril à 18 heures

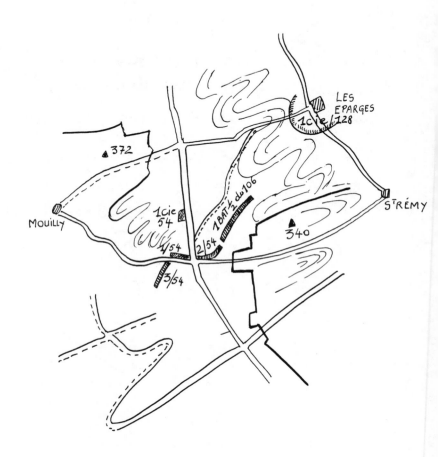

Calque repris sur le croquis fait par le Lieutenant/Colonel commandant le 54e R.I.

Échelle : 1/40 000.
Source : S.H.A.T. 22 N 310.

2/54. 2e bataillon du 54e R.I.

On notera le vide entre le village et la gauche du 106 où se trouve la 5e Cie. Ce croquis résume la situation à 18 h le 25-4. Genevoix blessé est évacué. La 5e Cie est commandée par Dast-Prat.

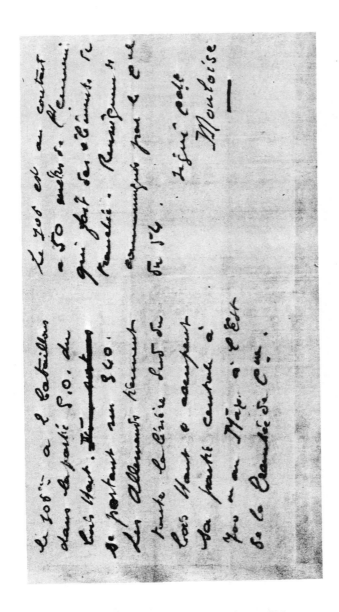

Note du commandant Mouloise du 54ᵉ R.I.
le 25 avril au matin
probablement peu avant que Genevoix ne soit blessé

« Le 106 a deux bataillons dans la partie S.-O. du Bois-Haut se portant sur 340. Les Allemands tiennent toute la lisière sud du Bois-Haut et occupent sa partie centrale à 700 m au max. à l'Est de la Tranchée de Calonne. Le 106 est au contact à 50 m de l'ennemi qui fait des éléments de tranchée. Renseignements communiqués par le colonel du 54. Signé commandant Mauloise » (S.H.A.T. 24 N 229).

Le 26 au matin le sous-lieutenant Prat
a pris le commandement de la 5e Compagnie du 106.

« 106e 5e Cie sous-lieutenant Prat à commandant Bord. Une forte action s'est engagée à droite dont je ne connais pas l'issue. Il y a eu un moment d'affolement à droite vivement réprimé. En face de moi et à gauche rien ne semble vouloir se déclencher. J'ai envoyé chercher des cartouches que j'attends.

26-4-15
5 h du matin
Fernand Prat » (S.H.A.T. 24 N 229)

Réflexions sur la structure du langage dans *Ceux de 14*

par Jean-Claude GILLET
Professeur de lettres classiques

L'œuvre de Maurice Genevoix, *Ceux de 14,* admirable récit sur la guerre, comme le fut par exemple *Le Feu* d'Henri Barbusse réussit le prodige de fondre un récit anecdotique dans l'atmosphère générale de la bataille : il suffit pour s'en convaincre de relire la période du quinze au dix-sept septembre de *Ceux de 14* : « Il me semblait que j'avais la cervelle en bouillie et je souffrais cruellement de mon impuissance à penser. Une seule impression me possédait, lancinante : la poursuite avait cessé; les Boches s'étaient arrêtés, quelque part près d'ici, et il allait falloir se battre, dans cette débâcle du corps et du cœur. Je me sentais infiniment seul, glissant chaque minute un peu plus vers une désespérance dont rien ne viendrait me sauver : pas une lettre des miens depuis le départ, pas un mot d'affection, rien!... » (1) Nous pouvons, ce nous semble, parler de l'unanimisme de Maurice Genevoix. Le naturel des propos échangés, les réflexions que provoque la guerre donnent à celle-ci une présence toute particulière : il semble en fait que nous vivons avec ces hommes à la fois si simples et si grands et que nous participons à cet événement d'importance qu'est le combat. Dans cet hommage au combattant de Verdun qui n'est pas le seul à avoir été rendu avec autant de talent — souvenons-nous des *Hommes de bonne volonté* de Jules Romain — nous allons très brièvement essayer de poser une problématique de l'utilisation d'une langue hors normes de la part de cet écrivain à la langue fine et raffinée. Le vocabulaire militaire technique et argotique propre à l'arme de l'infanterie est assez important; ainsi nous

est-il possible tout d'abord d'aborder le vocabulaire qui appartient au
champ sémantique de l'armement : nous pouvons constater que reviennent très régulièrement trois appellations de projectiles : le shrapnel, le
frelon, la marmite ainsi que le démontrent les citations suivantes : « A
peine quelques shrapnels, cinglant de très haut, inoffensifs, ou des
frelons à bout de vol, qui bourdonnent mollement (2) »; « à la prochaine
marmite j'attendrai pour me relever que l'essaim entier soit passé (3) ».
Dans l'utilisation quasi simultanée de ces trois termes il semble
intéressant de noter que seul le premier projectile est désigné par son
nom technique — ce qui arrive à des prononciations aussi savoureuses
de la part des soldats du lieutenant Genevoix que celle de « scrapnel »
— qui fort probablement subsiste pour des raisons qu'il faut essayer de
découvrir dans l'inconscient collectif de la troupe de mil neuf cent
quatorze. En effet, ne faut-il point envisager que le shrapnel, que l'on
appelle en fait aujourd'hui la bombe à fragmentation, produit des effets
si terribles que l'inconscient des soldats a refusé d'utiliser un euphémisme qui aurait pu avoir un effet psychologique dissuasif. Il y a dans
cette situation l'acceptation d'une fatalité certes douloureuse et pénible
identique à celle du soldat, qui dit à l'auteur sa réaction, son état
d'esprit lors de l'abandon au milieu du champ de bataille du corps de
son frère mortellement blessé : « et puis... je lui ai dit adieu.. et puis.. je
suis parti.. et.. et je l'ai laissé là, lui.. à mourir par terre... au milieu de
ces sauvages... (4) ». La situation est tout à fait différente pour ce qui
concerne les deux autres types de projectiles : en effet il semble possible
de dire qu'est recherchée une catharsis des dangers mortels provoqués
par ces obus. Le soldat ne se trouve plus dès lors confronté à un objet
de mort redoutable pour lui mais plus à un pauvre objet métallique sans
grand pouvoir, en tout cas sans pouvoir de destruction des vies
humaines : « (...) un sifflement accourt vers nous, brisé net par le fracas
de trois marmites explosant à la fois : trop court! D'autres sifflent,
passent sur nous; et trois panaches de fumée noire surgissent du sol
éventré, cent mètres derrière, hors du bois : trop long! Encore la
stridence d'une rafale. C'est moins brutal : elles vont loin. Nous les
voyons éclater sur la droite, déracinant quelques petits sapins qui
sautent en l'air avec les mottes de terre et les éclats (5) ». Il y a parfois
des velléités de minimiser même les projectiles les plus redoutables :
« A peine quelques shrapnels, cinglant de très haut, inoffensifs, ou des
frelons à bout de vol, qui bourdonnent mollement (6) ». Il faut malgré
tout reconnaître que ce désir certes naïf, mais ô combien naturel, ne fait
absolument pas disparaître de l'esprit du soldat ou des cadres qui
l'entouraient une lucidité très aigüe qui les empêche d'oublier qu'ils
vivent dans un monde de mort et d'anéantissement : « Nous courons

pliés en deux, poursuivis par les 75, par ces couperets sifflants qui
rasent, terribles, les bords du boyau, par ce seul 75 qui tire trop court,
qui frappe toujours à la même place, à notre droite (...). Et mes hommes
arrivent toujours et le même 75 continue de taper du même rythme
implacable et mortel, à la même place, à quelques mètres sur la droite
(...) cela se perd dans les jets raides des 75, dispara't (l'auteur parle ici
d'une préparation d'artillerie en cours) derrière cette voûte tranchante et
dure, qui s'abaisse, qui se bande, si violemment tendue qu'elle va se
briser tout à coup, crouler sur nous et nous anéantir. Elle est toujours
là; nous ne pouvons que baisser la tête, n'avoir plus de tête si nous
pouvons, plus de poitrine, plus de ventre, n'être plus qu'un dos et des
épaules recroquevillés (7) ». « Comment se fait-il que les obus ne nous
aient encore tué personne? Il en est tombé en arrière de l'entonnoir, en
avant, si près de nous que leur souffle nous a giflés. Nous n'entendons
plus que ceux-là parce qu'ils nous empêchent de dormir : s'il ne
tombait que tous les autres, nous pourrions peut-être dormir, tant leur
cadence est monotone, depuis le choc léger de leur départ là-bas,
jusqu'à leur chute vertigineuse, quelque part où nous ne sommes
pas (8) ». Nous sommes donc amenés à constater que le soldat de
l'époque redoute de façon très violente ces objets de mort même s'il
essaye de le ramener à une dimension plus humaine plus supportable
contre laquelle il est encore possible de résister, de réagir : le fatalisme
qui prévaut malgré tout est dans une certaine mesure tempéré par un
certain optimisme réparateur qui permet de supporter l'environnement
inhumain. L'œuvre de Genevoix n'est pas émaillée uniquement par les
appellations techniques des projectiles de l'artillerie mais aussi par un
ensemble de termes qui font appel à ce que nous pourrions appeler
l'argot militaire : ainsi nous nous trouvons confrontés à des termes
comme guitoune : nous remontons au nord-est le long des bois,
traînaillons longtemps en tous sens, pour arriver enfin au point fixé, des
tranchées faites par le génie avec des abattis en avant. Nous les
occupons. « J'ai une « guitoune » de feuilles un peu en arrière (9) ». Nous
n'oublierons pas non plus des termes comme tinette ou aéro : « bien
entendu, les « tinettes » se font jour, diverses et baroques (10) ». « Beaucoup d'aéros, les nôtres lumineux et légers, les boches plus sombres et
plus ternes, semblables à de grands rapaces au vol sûr (11) ». Les termes
comme aéro ou le Boche : « Le Boche semble cinglé d'un coup
d'étrivières (12) », ne sont pas typiques du vocabulaire de Genevoix mais
appartiennent à ce que nous serions tenté d'appeler l'inconscient
collectif qui avait été alors frappé après l'apparition de cette troisième
dimension du combat et qui était encore — ce qui est fort compréhensible même encore à l'heure actuelle — sous le choc de l'annexion

d'une partie du pays par une horde de sauvages; dès lors il semblait tout à fait normal de refuser à cette population le patronyme officiel qui est celui de tout homme de bien habitant un pays civilisé. D'autre part, pour ce qui concerne des termes comme par exemple guitoune, nous pensons qu'il y a eu de la part de Maurice Genevoix un oubli volontaire de sa propre situation d'universitaire brillant qui l'a amené à s'identifier entièrement au combattant son frère d'arme : il semble dès lors tout à fait logique qu'il emploie un vocabulaire non conventionnel qui ne fait pas partie intégrante du champ lexical de l'homme de la rue de l'époque. Il ne faut pas non plus oublier qu'il réussit dès lors à faire pénétrer dans un univers inconnu qu'il réussit à peindre à grands traits mais avec malgré tout beaucoup d'art : ainsi l'utilisation de termes comme Feldwebel (adjudant dans l'armée allemande) ou Oberleutant (13) (lieutenant) ou margis (abréviation de maréchal-des-logis c'est-à-dire sergent dans ce que l'armée d'aujourd'hui appelle l'arme blindé cavalerie) peut tisser autour de ces hommes une sorte d'« aura » un peu mystérieuse et inquiétante : en réalité le fait que l'on ait enlevé à ces hommes tout aspect humain — nous ne saurons jamais rien de leur vie civile — pour ne les voir que par l'intermédiaire de leur grade semble assez révélateur de la séparation très nette qui existait entre ces combattants qui étaient presque des habitants d'un autre monde et l'univers des civils qui ne souffraient que très rarement du conflit. Léon Riegel disait à propos de la permission de Genevoix que l'on se croirait à cent lieues du front (14). Nous retrouvons cet état d'esprit dans les *Carnets d'un fantassin* de Charles Delvert. Avec ce professeur d'histoire mobilisé, Genevoix au-delà des titres universitaires, a en commun de pouvoir analyser et observer ce qui l'entoure : en fait l'intellectuel ne cesse de regarder et d'observer la machine à tuer qu'il est devenu et le milieu dans lequel il vit : « contre-attaquer! Après une journée comme celle-ci, meurtrière, épuisante, lorsque toute l'exaltation des hommes est tombée, qu'ils ne sentent plus que les courbatures de leurs membres et le vide de leur estomac. Contre-attaquer dans cette obscurité, avec des troupes désorganisées, privées de cadres, disloquées! Mais les minutes passent sans qu'aucun ordre nous arrive. Et peu à peu la réflexion me convaint que j'ai ridiculement accepté pour une réalité probable ce qui n'était qu'une rumeur vague, née de quelques mots lancés par un affolé au moment où retentissaient les premiers coups de canon (15). » Cette seule citation nous convaincra sans mal de l'utilisation d'un vocabulaire noble et précieux — ainsi ridiculement — tout à fait compréhensible de la part d'un intellectuel normalien. Il ne faut pas non plus oublier que Genevoix demeure en tout lieu et en tout moment un cartésien qui essaye, dans le cas présent, d'analyser les causes de ce que nous pourrions appeler une forme d'hystérie collective à laquelle il a lui-même participé. Il est dès lors tout à fait étonnant de constater que le lieutenant Genevoix eu égard à sa personnalité prononce des phrases ou des expressions comme celles qui font l'objet des citations suivantes : « Allez! Allez! *Mettez-y-en!* Allez! Allez! Feu » ou bien déjà il n'y a plus de *braillard* à voix rauque ou *amenez-vous* par là *les enfants* (16). Dè s lors se fait jour le problème de la coexistence d'une langue noble qui permet à Maurice Genevoix de nous faire part de ses idées intimes et d'une langue triviale utilisée quotidiennement et ceci sans contrainte — ainsi un soldat dira à son lieutenant : « Eh! l'ami, quand tu en auras assez, d'me p'loter l'derrière, faudra d'mander aut'chose (17) »! Ce langage généralisé, puisqu'un lieutenant d'artillerie parlera de gens qui « foutent le camp » évoque tout d'abord la promiscuité du casernement mais il a en fait une raison beaucoup plus profonde. L'auteur est en fait devenu un simple cadre d'une armée au combat qui a oublié sa propre culture pour ne plus utiliser que le patrimoine linguistique assez fruste et sommaire de ses compagnons. Il ne faut cependant pas oublier le rôle important que doit jouer le lieutenant dans l'encadrement d'une troupe : Maurice Genevoix a pour ce faire une extraordinaire capacité psychologique puisqu'il oublie tout à fait sa propre personnalité pour ne plus être qu'un soldat parmi tant d'autres. Il nous semble donc possible de dire qu'au-delà de l'excitation due au combat l'auteur éprouve un véritable sentiment de fraternité à l'égard de ses compagnons de misère. « La plupart semblaient las infiniment, et misérable. Pourtant c'étaient eux qui venaient de se battre avec une énergie plus qu'humaine, eux qui s'étaient montrés plus fort que les balles et les baïonnettes allemandes. C'étaient eux les vainqueurs! Et j'aurais voulu dire à chacun l'élan de chaude affection qui me poussait vers tous, soldats qui méritaient maintenant l'admiration et le respect du monde pour s'être sacrifiés sans crier leur sacrifice, sans comprendre même la grandeur de leur héroïsme (18) ». En fait le soldat — dans l'œuvre de Genevoix — est présenté à la fois dans son ensemble collectif et dans son individualité. Mais toujours (...) il est anonyme. C'est l'homme le soldat, un élément que l'uniforme — plus que la boue et les souffrances — tend a fondre dans une masse (19). Il semble dès lors nécessaire d'oublier l'utilisation d'une langue qui aurait tranché beaucoup trop sur l'idiome simple et un peu fruste d'un peuple uni par son désir de venger 1870. Il est peut-être dés lors possible d'affirmer que pour Genevoix dans son inconscient il n'y a pas de cassure trop nette entre le peuple dans son ensemble et la classe intellectuelle. En fait il est même possible d'affirmer que Maurice Genevoix en utilisant certaines formes plus ou moins dialectales, essaye de démontrer que le soldat de quatorze fait partie d'un peuple qui se mobilise sans arrière-pensée autour de la ligne bleue des Vosges à reconquérir, reconquête qui va faire de lui le soldat du droit et de la civilisation : ainsi si Maurice Genevoix présente un soldat qui parle avec un fort accent gascon ainsi que nous pouvons nous en rendre compte dans la citation suivante : « Une torpillieu tommbe : ell-le les bouzille... Une otre torpillieu tommbe : ell-le les bouzille.... Alors je me dis : mon povre Boquot, tu es foutu (...) j'ai de bel-les photos, quand même! On te les enverra aussi à la grrande. Illustration. En douce, avec mes initiales... Pas du chiqué, hé, ces documents (20) »? En utilisant donc un soldat qui a l'accent d'une région fort éloignée de Verdun, l'auteur participe à une démarche d'ordre collectif qui fait du soldat le défenseur d'une seule et unique idée : ne reprend-il pas en fait tout simplement la vieille idée, la levée en masse de l'époque de la Révolution du peuple face à ce qui peut l'anéantir. Il y a d'ailleurs développement de cette thématique lorsque l'auteur fait parler les soldats avec beaucoup de vie et de gouaille. Nous pouvons bien entendu dire qu'il y a volonté de tracer une sorte de peinture du milieu ambiant; en fait la démarche semble beaucoup plus subtile dans la mesure où elle lui permet tout d'abord de nous montrer cette capacité extraordinaire de rire, de joie dans un cadre affreux et hostile : « Hé la bûche! je te demande quand tu auras fini de tirer à toi toute la couverture? (...) Ah! non, tu m'embêtes à la fin! Laisse-moi roupiller tranquille! Reprends-la ta couverture, roule-toi dedans, garde-la pour toi tout seul; mais laisse-moi roupiller tranquille (21) ». « Des loustics plastronnent : Eh! Binet, tu les as numérotés, tes abatis? — Ah! ma mère, si tu voyais ton fils? Mais leur gaieté voulue ne trouve point d'écho (22) ». Nous touchons en réalité, là, le véritable problème : en effet, cette gouaille qui est la leur, ne constitue en réalité qu'un repoussoir pour des choses pénibles et désagréables qu'ils se refusent à voir en face; il s'agit, ce nous semble, d'un moyen pour ces hommes de s'affranchir d'événements qu'ils savent pour le moins irrémédiables et qui, s'ils ne les touchent pas directement, atteindront des êtres qui leur sont momentanément proches. En outre nous pouvons constater que l'utilisation de certains idiomes para-littéraires peut avoir une signification extrême : « C'est la faute de Pinard, a-t-il dit. On en avait bouillu trois seaux : mais Pinard a reçu une schrapnell dans la tempe, il est tombé la tête au-dessous d'un seau; du sang plein d'dans : c'était pus buvable. Et il ajoutait : Si Pinard avait vu c't'ouvrage... Heureusement qu'il était mort (23) ». Nous pouvons en effet dire que dans la citation ci-dessus le soldat déverse sa bile et son ire à propos d'un incident malheureux et regrettable pour lui et ses compagnons dans une expression syncopée et maladroite qui fait de ce mort le véritable bouc émissaire. En plus, si nous considérons la citation suivante : « j'ai eu tout d'même une sacrée veine. Je v'nais d'passer auprès des officiers; y en avait trois : l'capitaine Desoignes, le lieutenant Duféal, avec le sous-lieutenant Moline. Qu'est-ce qu'il en reste, après c't'obus?..... Je v'nais de passer; j'm'en tire pour pas cher (...) Puisqu'y a pas un coin de c'te crête où qui n'est pas tombé un obus ou qu'il en tombera pas un, faut changer de place au bon moment, ou r'cevoir un obus en plein... Si j'avais pas changé d'place, moi, j'aurais r'çu l'même obus qu'eux trois... J'ai changé d'place : j'ai eu d'la veine (24) ». Nous pouvons constater que l'inflation de langue paralittéraire fait d'elle un élément extraordinaire qui a une utilité toute particulière : en effet nous sommes à même de constater que l'auteur réussit par ce moyen à faire apparaître la véritable personnalité du soldat, qui met en quelque sorte son âme à nu. Nous pourrons de même dire que c'est un moyen malgré tout subtil de mettre en relief les différents aspects que constituent cette entité indéfinissable qu'est l'âme humaine : ainsi dans la citation suivante : « Oh! vous n'vous figurez pas répète Petitbru. Faut que j'crie, que j'crie.... les brancardiers! les brancardiers!... que j'crie encore, bon Dieu (25)! » La douleur déshumanise l'homme qui dès lors n'est plus en mesure de s'exprimer conformément aux règles linguistiques imposées par la société : la déformation de la langue peut en fait être considérée comme un moyen de jauger l'âme de l'individu. En plus dès que le sentiment dépasse le cadre étroit de la vie humaine, apparaissent des noms qui n'appartiennent à aucune langue connue : ainsi est très souvent utilisé l'adjectif *maous* — dont l'étymologie peut être *magis?* — qui fait référence à une peur ou à une faim qui ne sont pas connus dans la vie quotidienne de l'humanité. Nous pouvons enfin envisager les finalités de l'utilisation du dialecte meusien : il est nécessaire tout d'abord de remarquer que Maurice Genevoix cherche plutôt à donner l'impression d'une langue régionale qu'à utiliser véritablement une langue bien particulière : c'est en fait la prononciation, les défauts de prononciation qui sont surtout mis en relief : « Seigneur! Quelle perte! Ils ont pris l'auvent de mon « pouits » pour faire du feu! Qui est-ce qui me « récompinsera (26)? ». Nous pouvons à la lumière de cette citation ou conclure que l'auteur essaye de situer géographiquement l'action de son œuvre; il tente aussi de nous indiquer que les particularismes locaux et linguistiques peuvent être dépassés pour obtenir une cohésion générale du pays qui n'est plus qu'un bloc opposé à l'ennemi. Cela devient peut être encore plus flagrant maintenant où il y a un accord tacite entre cette femme et ce médecin, autour du traitement à imposer, qui éloigne en quelque sorte le spectre de la guerre : « une femme arrive, maigre et sale, qui pousse devant elle une fillette à cheveux jaunes dont les paupières rouge vif sont collées de chassie. Le Labousse, consulté, prescrit un collyre. « Et qu'est-ce que j'vous dois, comme ça monsieur le médecin? demande la femme. — Mais rien du tout, madame (...) Faut tout d'même ben que j'vous « récompense ». N'y en a pus beaucoup, mais l'boirez ben. Il est bon; oh! mais oui là (27)! ». Il nous est également possible d'envisager que la langue paralittéraire et régionale permet à l'auteur de jeter un œil à la fois ironique et sympathique sur la roublardise populaire qui refuse dans une certaine mesure toute coopération avec ses défenseurs et ses protecteurs : « Et la vieille, l'horrible sèche comme un paquet de sarments, édentée, crasseuse, des mèches de cheveux dans les yeux, lève les bras au ciel et prend la sainte Vierge à témoin qu'elle n'a rien, mais rien du tout, là (...) Alors on dit un prix, un gros prix (...) Six œufs à la file apparaissent dans ses doigts maigres, laiteux sur sa peau terreuse. Elle vous les coule, tièdes encore, dans les mains, au fond des poches; et elle dit tout bas de sa bouche aux gencives nues : « N'faut point en causer, surtout. J'en aurai p't'être d'aut's pour vous, quand mes gélines les auront faits. Mais n'faut point en causer. Oh! mais non là (28) ». Ici en fait Genevoix fait davantage un portrait caricatural qu'un portrait proche de la réalité simplement parce que cette femme ne suit pas la voie qui devrait être la sienne dans un pays en guerre qui a besoin de tout un chacun pour vaincre. Enfin si nous considérons la citation suivante : « Mon pauvre enfant, dit-elle, adieu »... Faut que je monte à l'épicerie préparer toute ma journée. J'ai du véin qu'arrivé de Verdéun, un cochon à mettre en pâté pour ces aut'es malheureux enfants; avec ça une vache à faire tuer, à cause de ces pauvres civils qu'il faut pourtant qu'ils mangent aussi, pas vrai?... Ah! on a bien du mal, allez (29)!. Nous pourrons constater la coexistence de deux registres de langue : il semble dès lors possible de dire que nous est rendue sensible l'appartenance de cette femme à une toute petite bourgeoisie, ne serait-ce que par le fait qu'elle est propriétaire d'une épicerie. Le parler dialectal ne devient pour elle qu'un accident de parcours, somme toute, minime puisqu'il se limite à une prononciation particulière; l'expression syntaxiquement défaillante provient dès lors du fait que cette femme cherche avant tout à être dans différentes situations la plus efficace possible.

Nous pouvons en conclusion dire que l'utilisation par Maurice Genevoix d'une langue para-littéraire aux facettes multiples et diverses éclaire de façon extraordinairement émouvante ceux que Léon Riegel appelle les suppliants d'un même calvaire de boue; la langue vernaculaire éloignée de toute velléité de classicisme formel nous permet de cerner la personnalité du combattant dans son ensemble avec ses grandeurs et ses limites qui le font malgré tout homme parmi les hommes. Nous pouvons dès lors avec Maurice Genevoix ou disons par son intermédiaire comprendre avec notre chair; faute de quoi en effet « les mots ne sont que vanité ». Ce souvenir de la vie en campagne à Verdun peut avoir pour nous à l'heure actuelle une valeur spirituelle d'importance : en effet Maurice Genevoix a une « notion de l'homme qui ne renie rien, de l'homme qui refuse d'abaisser le malheur et la souffrance vers la passivité du troupeau, de confondre l'amertume suicidaire avec l'indépendance de l'esprit (30). En écrivain à l'art brillant Maurice Genevoix a réussi à rendre perceptible cette philosophie par l'intermédiaire d'une langue aux ressources multiples. *Ceux de 14* est en fait bien plus qu'une œuvre sur la guerre, c'est la *comédie humaine* d'une bonne partie de notre vingtième siècle.

1. *Ceux de 14.* Page 71. Edition définitive. Flammarion, 1950. 672 pages.
2. *Ibid.* page 30 et ssv. Notamment tout le passage concernant les combats de Sommaisne.
3, 4, 5, 6. *Ibid.* successivement pages 23, 98, 110 et 40.
7, 8. *Ibid.* pages 552 et 559.
9, 10, 11, 12. *Ibid.* successivement pages 21, 27, 22 et 48.
13. *Ibid.* page 639.
14. Léon R. Riegel. *Des Éparges À Verdun,* in *Verdun 1916* (p. 263-274). Actes du Colloque 1975; ANSBV — Université de Nancy II : Verdun 1976. 378 pages.
15. *Ceux de 14,* page 99.
16. *Ibid.* page 42 à 45.
17, 18. *Ibid.* page 75 et 60-61.
19. Gérard Canini. *L'illustration et la bataille de Verdun,* in *Verdun 1916,* pages 175-185.
20. *Ceux de 14,* page 623.
21, 22. *Ibid.* pages 74 et 87.
23. *Ibid.* page 579.
24, 25. *Ibid.* respectivement pages 582 et 594.
26. *Ibid.* page 13. On remarquera — et il y aurait là une féconde analyse à effectuer — que le soldat chez Genevoix en arrive à créer son propre langage, étonnant et suggestif amalgame de patois intégré à des expressions argotiques purement militaires. Ainsi : (*cf.* p. 436-437) Martin, mineur de fond des Houillères du Nord s'exprime dans cette forme de langage qu'à la lettre, il a créée : « Hélo! T'chais pas? » Y a l'gars Chantosian qui veut marier mi (...) avec eine femme veuve qu'à d'matériel plein l'cagna (...) » Il est clair qu'ici Martin a adopté et intégré le mot « cagna » et donne au mot « matériel » un sens plus large qui entend mobilier, meubles, etc.
28, 29. *Ibid.* respectivement pages 121 et 497.
30. Postface de Maurice Genevoix à *Verdun 1916,* page 374.

IV

VISAGES

« Qu'est-ce que serait la guerre sans vous Legallois et Laviolette, sans vous Butrel et Sicot qui avez pris votre vie à deux mains et l'avez haussée d'un élan jusqu'aux lèvres de l'entonnoir sous les balles. Je nous revois; je me vois avec eux, très haut... »

M. Genevoix

VISAGE...

L'AMI : Robert PORCHON
à qui est dédié *SOUS VERDUN*

PORCHON, ROBERT-
CHARLES-JOSEPH (cit.)

(Cliché *Illustration*).

« ... Un élève de St-Cyr frais galonné, visage osseux, nez puissant et bon enfant qui vient d'arriver avec moi du dépôt (...) » *Ceux de 14* p. 18.

PORCHON, Robert, Charles Joseph, sous-lieutenant au 106e régiment d'infanterie. D'une bravoure admirable et en même temps d'un calme communicatif a commandé sa section avec la plus grande intelligence donnant à ses hommes, par sa tenue, la plus grande confiance. A été mortellement blessé le 19 février 1915 au cours d'un bombardement. (1re armée. Ordre général No 189, No 7 734. 30 mai 1915).

On remarquera que sur la dédicace de *Sous-Verdun* Genevoix donne Porchon tué le 20 février : « A la mémoire de mon ami Robert Porchon, tué aux Éparges le 20 février 1915. »

Le *Journal de marche officiel* du 106e donne bien la date du 19 février. (*cf.* document. 9). Le sous-lieutenant Porchon repose toujours au pied du Piton, dans le cimetière militaire du Trottoir, tombe no 42, aux Éparges.

Porchon est aussi sur la photographie page 141 qui appartient à la collection Madame Maurice Genevoix. Ce cliché a été pris en janvier 1915 sur la Tranchée de Calonne et l'auteur de *Ceux de 14* a pris soin de noter lui-même au dos de l'original les noms des personnages. De gauche à droite, Porchon, Genevoix, Lagarrigue, (médecin du 2e bataillon, c'est Le Labrousse dans *Ceux de 14*) et le capitaine Bord (Rive dans *Ceux de 14*). Dans le fond, toujours de gauche à droite, les soldats Mourier, Leclère (caporal Fourier de la 4e escouade) Aquelo et Prevost (1re escouade) tous hommes de la 7e compagnie à laquelle appartenait alors Genevoix.

Prise de flanc par le 132ᵉ et des barrages d'artillerie, elle ne peut progresser.

Vers 17ʰ 30, le bombardement ennemi redouble sur la Crête. Des barrages très serrés sont exécutés sur le N. du village des Eparges, dans la vallée du Longeau, vers le ravin au N. de nos mitrailleuses du Bois-Haut.

Une nouvelle attaque allemande sur notre front Est échoue, enrayée par nos mitrailleuses et nos barrages d'artillerie.

Officiers tués : Lieut: Porchon 7ᵉ Cⁱ

Officiers blessés { Cdt Bretagne

                  { Cⁿᵉ Labbé 5ᵉ Cⁱ

                  { Lt Lordier 4ᵉ Cⁱ

20 Février 1915

Nuit agitée. — Fusillade et bombardement de gros calibre continus sur la crête et sur le village.

Une attaque allemande sur BB est repoussée.

Suivant les ordres du Gⁱ Cdᵗ la 24ᵉ Brigade reçus dans la nuit, à 7ʰ 45, une attaque est prononcée après une préparation d'artillerie à partir de 6ʰ 30 par un bataillon du 67ᵉ sur le mamelon G (la droite dirigée sur le point B) en partant de la corne S.O. du bois des Eparges.

Le 106ᵉ Régiment, renforcé d'un autre Bat. du 67ᵉ et de la 6ᵉ du 132ᵉ engagée la veille, tient ferme sur ses positions et flanque cette attaque à à droite par ses feux.

De plus, pour faciliter la progression en avant

431. – Paris et Limoges. – IMPRIMERIE ET LIBRAIRIE MILITAIRES HENRI CHARLES-LAVAUZELLE. – T. 865. – 2370.

Journal de marche officiel du 106ᵉ R.I.
les 19 et 20 février 1915.
(S.H.A.T. 26 N 677)

« Et Le Labousse promenant son Kodak, photographie (...) »

(*Ceux de 14*, p. 510)

V

PAGES

LA MORT (I)

La mort de près [1]

Tout homme est solidaire. Il est ainsi comptable de ce qu'il est en mesure de transmettre. Et il l'est dans la mesure même de ce qu'il a personnellement reçu. L'heure est venue pour moi d'y songer.

Les circonstances, aux environs de ma vingt-cinquième année, ont voulu que j'eusse de la mort, par trois fois, une expérience réellement vécue. C'est très exactement dire : vivre sa propre mort, et survivre. Ce souvenir m'a suivi constamment, comme une trame enlacée à la chaîne de mes jours. J'ajoute tout de suite qu'il m'a aidé, qu'il m'aide encore, que je le sais, que j'en suis sûr, et que cette certitude détermine ma tentative actuelle : relater pour transmettre, comme le dépositaire d'un message qui devrait être bienfaisant.

Que l'on n'attende donc pas de moi des méditations sur la mort que je laisse au gré de chacun, pas davantage des révélations aux frontières d'un passage sans retour, rien d'autre qu'une narration, un récit scrupuleux des faits qui m'ont conduit à frôler cette frontière jusqu'au seuil de l'inconnu, et peut-être un peu au-delà. Mais cela seul, je le crois fermement, peut venir assister et aider d'autres hommes. Je dirais volontiers : tous les hommes.

M. G.

J'ai rapporté des faits, communiqué une expérience. Il me semble superflu de les commenter longuement. Aussi bien et d'avance ai-je dit en quelques mots le sentiment qui m'inspirait ces pages, ce que l'on ne pouvait attendre, et quoi non.

Ce qui m'a ramené sur les pas du soldat que j'ai été, c'est beaucoup moins une nostalgie, un retour vers ma propre jeunesse qu'un désir réfléchi de partager encore une fois. Une longue existence, lorsqu'elle approche de son terme, propose des perspectives plus spacieuses et plus simples, en quelque sorte désencombrées. Il semble qu'un tri se fasse, et qui oblige. Ce qui a compté s'affirme, s'impose, avec une évidence qui devient vite impérative, car la conviction l'accompagne que cet acquis ne nous appartient pas.

C'est pour cela que j'ai voulu retrouver, au long de mes vieux cheminements, tous ces garçons serrés autour de ma jeunesse et qu'une mort injuste a frappés. L'homme n'est pas fait pour vivre seul. La vie va d'étape en étape, et chaque étape appelle des compagnons. Ceux de mon âge, avant d'avoir trente ans, s'ils cherchaient des yeux autour d'eux leurs compagnons de la veille ne voyaient plus guère que des morts.

Peut-être est-ce à cause d'eux aussi que je me suis senti soutenu, pas à pas, par l'espoir d'être consolant. Souffrir de graves blessures, c'est toujours dur et quelquefois atroce. Mais c'est d'abord lutter pour sa vie, et cela en vaut la peine. Demeurer mutilé, c'est dur aussi; mais on s'adapte, on s'arrange : toutes les habitudes se prennent. Reste la mort.

Elle aussi, elle a été notre effrayant compagnon. Mais à l'effroi aussi, on s'habitue. Tant qu'elle frappait à nos côtés, nous nous méprenions sur elle : elle nous était comme un spectacle dramatique et bouleversant, auquel nous réagissions âprement, de toutes les forces de notre corps vivant. Il n'eût pu en être autrement. Nous nous imaginions à la place de l'homme abattu comme si cela nous eût été possible. C'est impossible, nous ne pouvions qu'imaginer.

Mais la mort venait-elle à nous serrer de près, vivants encore à part entière, à nous leurrer d'une feinte terrible, c'était pis. Tant que, le 24 septembre, je me suis *cru* touché à mort, j'ai traversé des instants très durs. S'ils s'étaient prolongés davantage, c'eût été intolérable. C'est que, cette fois, la mort m'avait contraint à me voir vraiment « à la place ». Elle me trompait. Le miaulement de la balle qui ricochait avait été comme un ricanement. Mais j'ai été assez sa dupe pour croire qu'elle venait de me tuer. Plus tard, quand j'ai été sauvé, convalescent, ce n'est pas mon calvaire entre la Calonne et Verdun qui venait hanter mes cauchemars, mais ces quelques secondes de septembre. Et je me réveillais pantelant.

Que la mort frappât réellement, tout changeait, c'est l'immense différence entre voir un grand blessé et être vu, grand blessé. Le grand
blessé ne se *voit* pas lui-même. Quand, le 25 avril, ma civière traversait
Rupt-en-Woëvre, des femmes, debout au seuil de leur maison, aussitôt
qu'elles m'apercevaient rentraient en détournant la tête. Ainsi avaient
réagi, l'amitié en plus, mon commandant et Le Labousse. Ils étaient le
vivant, l'homme debout dont la compassion même imaginait à faux ma
détresse, vivant et debout qu'il était. Ainsi, dans une. chambre mortuaire,
en va-t-il des vivants qui pleurent autour d'un mourant. A l'instant du
dernier passage, le plus serein est celui qui s'en va.
C'est parce que je crois cela que j'ai voulu ainsi témoigner. Pour avoir
touché le passage, je sais que ce suprême moment a cessé d'être
effrayant. A la lumière de cette certitude, je crois que si la mort « ne se
peut regarder fixement », c'est de loin, lorsqu'elle est pensée, imaginée,
et lorsque cette image vient s'emparer d'un être dont toute la force
vitale a gardé son intégrité.
Entre le temps où je me battais, où j'étais encore « intuable » et mon
retour à une vie redonnée — désormais plus précieuse et plus belle —
le souvenir même que je gardais de tous ces morts avait changé et les
rejoignait mieux. Que je me recueille, ils reviennent, ceux dont j'ai
parlé, tous les autres. Ce soir, je songe à trois d'entre eux que nous
avons vus « passer ».
L'un est parti entre les bras de Dast. Au moment où il s'en allait, il a
laissé tomber sa tête sur l'épaule de mon camarade; il a murmuré à
mi-voix, en traînant sur chaque syllabe : « Ah! là là... Valses lentes... », et
il est mort. Dast, Parisien comme lui, a écrasé deux larmes sur ses
joues.
L'autre, un de mes caporaux, est mort dans une petite casemate du
génie, au milieu des manches d'outil. Je l'avais vu tomber au bord de
l'entonnoir 7. Avec un de mes hommes, Butrel, j'avais pu le tirer
derrière une vague de terre, puis le confier aux brancardiers. Je l'ai revu
une heure après, conscient encore, doué de regard, et qui me reconnais-
sait. Ce garçon était beau. Les lignes, le modelé de son visage avaient
pris une noblesse au-delà de leur beauté mortelle. Il a passé les yeux
ouverts, nous laissant le souvenir de ce visage à jamais pacifié.
Le troisième était ce capitaine, follement brave ou plutôt téméraire, qui
avait théâtralement salué la première balle qui l'avait effleuré. Il s'est fait
tuer en période calme, pour être sorti d'un boyau, en plein jour, à une
place notoirement dangereuse. Il voulait, disait-il, « se rendre compte
par lui-même ». Il a suffi d'une seule balle pour le faire s'écrouler au
fond, dans la boue. Ses officiers, ses hommes l'ont relevé, assisté. Très
vite, une pâleur saisissante a envahi tout son visage. Sa barbe blonde,

dorée, a semblé brunir tout à coup, une ligne violette a barré sa joue gauche : la cicatrice d'une balle de Sommaisne. Il souffrait et cela se voyait. Il a balbutié quelques mots, liés encore à son passé temporel, à ses vieux rêves d'officier *fana* : « Avoir la croix... » Mais déjà la mort était là. Nos yeux ont vu s'effacer de ses traits la crispation douloureuse qui les nouait, et sur eux, jeune et tendre, presque enfantin, la lente lumière d'un sourire. Il a murmuré : « Ma mère... » Et il est mort sur ce dernier mot, tout entier remis, blotti. A nos yeux tout venait de s'achever. Pour lui non.
Mais comment irais-je au-delà?

Maurice GENEVOIX, *de l'Académie française*

1. Épilogue de *La mort de près*. Plon éditeur. Ce texte a paru dans *l'Almanach du Combattant* de 1973, pages 3 à 5.

La Mort (II)

Le drame du face à face : tuer ou être tué [1]

... Peu de mois après notre séparation de juillet 1914, d'affreuses coupes sombres avaient clairsemé nos rangs. Si j'évoque notre turne (2) de 1912, mes quatre camarades Hermand, Javal, Bouvyer, Gainsette, et moi-même, j'y vois bientôt trois morts et deux grands mutilés. Ainsi dans toutes les autres turnes.

Ce n'est pas ici le lieu de méditer sur ces réalités d'hier. On a tout dit, tout écrit à ce propos. J'ai moi-même publié cinq volumes qui, pour être de témoignage, n'en laissent pas moins transparaître en clair mon opinion et mes sentiments d'homme. Ce que je veux noter dès maintenant, c'est la brutalité d'un passage qui nous mûrissait si durement, et si vite. Non seulement, et du jour au lendemain, nous voyions tout remis en cause de ce que nous avions cru stable, assuré, — objets de foi, raisons d'espoir, — mais ce « voyage au bout de la nuit » nous obligeait à une épreuve moralement aussi redoutable que les périls de la bataille : une longue, une impitoyable confrontation avec nous-mêmes, où chaque révélation inscrivait un trait de feu, une cicatrice qui ne s'effacerait plus.

Que l'on songe seulement à ceci : cette guerre, cette énorme mêlée restait monstrueusement à hauteur d'homme, à mesure d'homme. Quelques organismes craquaient, sombraient dans l'hébétude ou la folie; mais ni les nuits glaciales, ni les boyaux boueux où chaque pas devenait une torture, ni le tonnerre aveugle des barrages s'acharnant sur des gisants désarmés n'avaient raison de cette prodigieuse machine à sentir, à souffrir, qu'est le corps d'un homme vivant. Il y fallait la balle ou l'éclat, une espèce de loterie tragique. Encore, et même ici, suis-je ramené vers le fond des choses. En général, et grâce à Dieu, les obus que l'on tirait, les balles même l'étaient de loin, sur des hommes la plupart du temps invisibles, vagues silhouettes ou tas d'hommes confusément mêlés. Mais quelquefois, l'on voyait un homme.

Le 9 septembre 1914 à La Vaux-Marie

Cela m'est arrivé deux fois. La première, dans la nuit du 9 au 10 septembre 1914, sur le plateau meusien de La Vaux-Marie. Nous avions été attaqués par surprise, vers minuit, alors que nous nous croyions couverts par deux tranchées en avant de la nôtre. Les occupants de ces tranchées, profondément endormis (nous avions, la veille, traversé un gros village hâtivement abandonné, caves encore à demi pleines, poulaillers et clapiers populeux), avaient été à peu près tous massacrés dans les ténèbres, à l'arme blanche. A peine si quelques coups de feu nous avaient donné l'alarme. C'est aux lueurs d'un orage commençant que j'aperçus, à deux ou trois dizaines de mètres, détachées sur le ciel vibrant, les silhouettes des fantassins allemands, au coude à coude, et les pointes drues de leurs casques. Je commandai alors un feu à répétition qui fit le vide en avant de nous. Cependant, aussi épaisse, aussi profonde, la vague d'assaut refluait, débordait notre tranchée sur les flancs, se refermait dans notre dos. Je donnai l'ordre de rallier une seconde ligne de tranchées que tenaient des chasseurs à pied. Quand, le dernier, je partis à mon tour, je m'aperçus dès les premiers instants que j'avais un peu trop tardé : seul Français, j'étais entouré d'ennemis.

Heureusement, je savais où j'allais. Eux non. Ils avançaient par petits groupes, d'une course spasmodique, hésitante, et tiraillant au hasard devant eux. Heureusement encore, j'avais buté dans un cadavre allemand. J'eus la présence d'esprit de ramasser et de coiffer son casque. Je courais moi aussi, le cœur battant, pas seulement de ma course. L'orage à présent éclatait. Dans le fracas brisant des coups de tonnerre, la pluie dardait de longues flèches droites qui s'allumaient de feux rosâtres. Les Allemands s'étaient mis à crier, s'encourageant l'un l'autre de « hurrah! », de « vorwaertz! », entremêlés d'un mot prononcé à voix plus basse, mot de reconnaissance que je perçus assez nettement pour en tirer un providentiel parti : « Heiligtum!... Heiligtum! »... Chaque fois qu'à la lueur d'un éclair je dépassais un groupe ennemi, je guettais l'éclair à venir, m'attendant à ces miaulements légers, aigus, des balles que l'on vous tire dessus. « Heiligtum! Heiligtum...! » Je marmonnais, les reins courbés, serrant dans ma main droite la crosse de mon revolver, dans ma main gauche mon képi roulé. Les petits groupes aux têtes casquées se clairsemaient, s'éparpillaient à travers les éteules. J'en voyais s'arrêter, tourner sur place, désemparés. Enfin, et presque soudain, ma poitrine se desserra. J'étais seul, dans une friche nue, dans un vide encore menaçant mais dont le silence m'abusa. Je me crus décidément sauvé, jetai le casque de cuir bouilli, me recoiffai de mon képi, accélérai ma course vers nos lignes.

Une silhouette, devant moi, naquit de l'ombre, précisa ses contours. L'orage s'était éloigné; mais la nuit, par intervalles, continuait de s'illuminer; je reconnus l'uniforme verdâtre, le casque à pointe. Tuer, être tué... L'homme m'avait entendu, j'en étais sûr. Il allait se retourner, se retournait... Tout en courant je levai ma main droite armée, tirai. J'eus l'impression qu'il venait de buter. Il piqua du nez en criant, les bras ouverts, s'effondra au brinqueballement de son fusil. Quelques secondes plus tard, j'en rattrapais un autre. Et déjà tout recommençait, dans un enchaînement si fatal, si pareil à la première fois qu'il m'a laissé le souvenir d'une plongée en plein fantastique. Cauchemar? État second? Mais les deux cris, si semblables aussi, que mes oreilles retrouvent après plus de quarante années, je les ai réellement entendus, dans la nuit de La Vaux-Marie, sur le plateau meusien où se rallumait la fusillade, où la clameur des charges à l'arme blanche déferlait aux confins de l'ombre tandis que les feux de l'orage, tournant sans trêve au bas du ciel, semblaient cerner le champ de bataille d'une aube funèbre, qui ne se lèverait plus jamais.

Aux Éparges, le 18 février 1915

Cris encore, sur la colline des Éparges, le matin du 18 février 1915. La pluie, la boue, les explosions de nos mines la veille, notre attaque couronnée de succès, l'interminable nuit sous les coups des obusiers lourds, l'angoisse de sauter nous aussi, la première contre-attaque allemande, j'ai relaté ailleurs tout cela. J'ai dit encore, parce que c'était la vérité, que deux de mes caporaux et moi étions sortis de l'entonnoir de mine pour faire tête aux assaillants. L'un, Buteau, était un ancien légionnaire; l'autre, Thomas, voiturier du train de combat, venait d'être remis dans le rang pour une vénielle négligence de service. (Je donne ici leurs noms réels, que j'ai mués dans mon livre en Butrel et en Sicot.)

152

Pas d'horizon, que quelques vagues de glaise soulevées par les obus. C'est par-dessus leur crête que nous avons vu surgir les premiers fantassins allemands, boueux comme nous, les mains serrées sur leur fusil tendu en avant du corps, le calot rond à cocarde sur la tête, le visage dur, crispé par une grimace immobile, les yeux fixes, comme hallucinés. Nous avons tiré tous les trois, ensemble, Buteau la crosse à la hanche, Thomas bien campé sur ses jambes, épaulant avec vivacité, et moi avec le revolver que j'avais à La Vaux-Marie. Le mot « descendre » trouve ici un affreux pouvoir d'évocation. C'est le premier que j'ai le mieux vu, son visage roux aux prunelles pâles, et l'étrange expression que j'ai dite, d'absence haineuse, de cécité aux yeux grands ouverts. Le long cri qu'ils ont poussé, rauque, sauvage et douloureux, à cinq mois d'intervalle je l'ai aussitôt reconnu. Déjà, Thomas était tombé, « descendu » lui aussi par un tireur caché derrière la boue. Nous avons dû, Buteau et moi, le haler par un pan de sa capote jusqu'à la lèvre de l'entonnoir. Je l'ai vu mourir peu après, dans une petite casemate où les sapeurs rangeaient leurs outils, sans une plainte, mais de longues larmes ruisselant sur ses joues.

Ai-je crié à mon tour, et ainsi, lorsque la première balle allemande m'a jeté sur les genoux? C'était sous bois, aux derniers jours d'un radieux avril où les hêtres commençaient d'étaler leur neuve feuillaison. J'allais, venais, sur le front de ma compagnie, mal abritée dans des tranchées hâtivement creusées depuis l'aube. Un tireur me guetta au passage d'une éclaircie, me visa et m'abattit. J'étais resté sur place, le bras gauche déchiqueté, l'artère humérale ouverte par une balle qui avait éclaté. L'homme qui m'avait jeté à terre continuait ainsi de me voir. Sa seconde balle m'a frappé au même bras. J'ai vu ce bras soulevé d'un tressaut, sans pouvoir encore réagir. L'homme, caché derrière quelque hêtre, a manœuvré une troisième fois la culasse de son fusil, épaulé, tiré de nouveau. Le flocon bleu de ma vareuse arraché par sa troisième balle, le sillon sanglant ouvert dans ma poitrine à quelques pouces de mes yeux, j'en ai été comme galvanisé. J'ai pu me traîner enfin hors de l'éclaircie mortelle. J'ai entendu les voix de mes hommes, senti leurs bras qui me soulevaient, qui m'emportaient...

Maurice GENEVOIX, *de l'Académie française*

1. *Almanach du Combattant*, 1963, pages 103 à 106 et M. Genevoix, *Jeux de Glaces*, Wesmael-Charlier éd., 1962.
2. La « turne » était la chambre de travail que partageaient avec Maurice Genevoix plusieurs élèves de Normale supérieure.

LA FRATERNITE

Les hommes de Verdun [1]

C'est des soldats de Verdun qu'il s'agit. Mais ce n'est point par hasard que ce mot d'« homme » est venu sous ma plume. Loin qu'il évoque pour les survivants l'anonymat d'un matériel humain, d'une collection de matricules, il rapproche des êtres de chair, il les unit dans une fraternité qui laisse intacts les pensées, les sentiments, la personne de chaque homme vivant.

Soldats, poilus, héros de la guerre, combattants, les mots ici n'ont point manqué. Tous nous paraissent conventionnels, trop étroits ou trop vagues, trop froids ou trop grandiloquents. Mais « les hommes », à la bonne heure! Ils disaient volontiers, parlant d'eux-mêmes : « les bonhommes ». L'officier de troupe qui les menait au feu disait, lui, avec une amitié sans cesse nourrie de communs souvenirs : « mes hommes ». Et, le disant, il se sentait jusqu'au tréfonds l'un d'eux.

Lors des grandes batailles de Verdun, celles dont la France commémore le cinquantième anniversaire, j'étais convalescent, à peine sorti des hôpitaux militaires où m'avaient retenu, durant des mois, des blessures reçues aux Éparges. Mais quand la compagnie que j'avais eu l'honneur d'y commander est montée, à son tour, à Verdun, la plupart de ses hommes, ses officiers, ses chefs de section restaient ceux que j'avais connus.

C'est dire que la plupart aussi ne voyaient point pour la première fois les champs de bataille de la vallée ou ceux des hêtraies meusiennes. Dès le mois d'août 1914, le destin de mon régiment l'avait conduit au nord de Verdun, vers Cuisy et le bois de Septsarges où il avait, à la veille de la Marne, retardé l'avance des Allemands qui passaient en masse la rivière.

La Marne, pour lui, pour nous, ce furent les meurtrières fusillades de Sommaisne et les tueries nocturnes de La Vaux-Marie où, faisant tête avec les chasseurs au corps d'armée wurtembergeois qui déferlait par la vallée de l'Aire, nous parvînmes à l'arrêter. La ligne, distendue jusqu'à rompre, avait tenu *in extremis*. Elle se redressa peu à peu, donnant de l'air à la place forte un instant presque encerclée.

Mais ce n'était pas fini. Dix jours plus tard, vers le 20 septembre, les Allemands tentaient une autre manœuvre. Poussant vers le sud-ouest en direction de Saint-Mihiel, ils forçaient la trouée de Spada, touchaient la Meuse, devant Troyon, menaçant ainsi de tourner et de faire tomber Verdun. Le commandement, inquiet à juste titre, déplaça en hâte des renforts. Après la Marne et la poursuite, nous nous trouvions en ligne au nord de la région des forts, devant Louvemont, aux lisières de ce bois des Caures où devait tomber Driant et que nos communiqués n'avaient pas encore nommé. L'alerte nous jeta, en une nuit de marche forcée, à l'opposé de ces avancées, vers Mouilly, Saint-Rémy, les Éparges. Nous étions comme des mâtins, galopant autour de leurs ouailles pour faire front à la ruée des loups. Cette fois encore, ils durent à la fin s'arrêter, reprendre souffle et lécher leurs plaies.

La trêve allait se prolonger. Les fronts s'étaient fixés pour les longs mois du premier hiver. Le nôtre nous garda Verdunois, comme si la ville eût voulu nous montrer une confiance que par trois fois au moins nous avions bien méritée. Nous prîmes la faction à la lisière des Hauts de Meuse, face aux horizons bleus de la Woëvre et aux lointaines collines lorraines où nous voyions fumer les usines de Briey. Cela nous conduisit aux massacres des Éparges, deux mois terribles, de février jusqu'en avril. L'enjeu restait toujours Verdun; Verdun encore aux derniers jours de cet avril, quand les Allemands, poussant dans l'axe de la route forestière dite « La Tranchée de Calonne », enfoncèrent notre ligne et trouvèrent à leur propre surprise la voie libre devant eux.

Rescapés des Éparges, au repos à Dieue-sur-Meuse pour la première fois de la guerre, cette nouvelle alerte nous jeta encore face à eux, sans tranchées, sans abris, sans réseaux de protection, dans les mêmes bois qu'en septembre 1914. Néanmoins nous contînmes leur assaut, assez longtemps pour qu'on pût aviser, renforcer l'immédiat arrière-front et couvrir efficacement Verdun, sauvée pour la quatrième fois.

Si j'ai tenu à rappeler ces faits, ce n'est point pour comparer entre eux des mérites qui vont de pair. C'est pour donner à comprendre ou plutôt, s'il se peut, à sentir que Verdun est un sommet, haut lieu des cinquante-deux mois de la guerre. Un sommet et un symbole. Sous Verdun déjà et ailleurs — puisque toutes les unités françaises y allaient être, tour à tour, appelées — les hommes qui allaient soutenir l'interminable et farouche bataille de 1916 (armée française contre armée allemande; d'un côté, l'instrument de guerre, de conquête et d'oppression le plus puissant, le plus parfait aussi que le monde eût jamais connu; de l'autre, la volonté de refuser la force et de défendre la liberté), ces hommes, disais-je, s'étaient lentement et douloureusement aguerris.

On sait l'hommage à eux rendus par leur chef, le général Pétain. Il a montré les compagnies, les sections arrivant au front, marchant à l'aventure, sans guides, dans la fumée et le tonnerre des bombardements, jusqu'au contact de l'adversaire, et l'accrochant, et lui opposant, « en attendant mieux », le seul rempart de leur corps. Et il poursuit : « *Sans contacts à droite et à gauche, sans liaison avec l'artillerie, sans mission précise, sans tranchées pour s'abriter, sans boyaux pour assurer leurs communications, elles formaient barrage là où le sort les amenait* ».

C'est que ces hommes avaient l'habitude. Mais ce qui fait, à mon sentiment, leur vraie grandeur, ce qu'il faut rappeler aujourd'hui, c'est ceci : alors que dans leur épreuve même, dans l'obligation où ils étaient de s'adapter à une vie d'airain, ils risquaient d'épuiser leur courage ou de se dessécher le cœur, ils sont restés les hommes qu'ils étaient. Non tout à fait, puisqu'ils faisaient la guerre. Mais ces garçons, voués à tuer ou à être tués, ne sont devenus des guerriers qu'en se faisant plus généreux, plus simplement et plus profondément humains.

Comme retranchés de leur vie d'hier, coupés des amours temporelles, murés dans un monde barbare, de toute part clos, où l'espoir même des misérables devenait un affreux non-sens, ils ont trouvé d'autres mesures humaines, se sont forgés un autre espoir, d'autant plus fort et d'autant plus vivace qu'ils s'oubliaient eux-mêmes davantage.

*
**

Comment trouver les justes mots qui exprimeraient cette grâce étrange et partagée? Leur mémoire restait fidèle : visages chers, images d'une courbe de rivière, d'une maison, d'un tournant de rue, d'un clocher, tout cela continuait de vivre, si loin, si loin, mais aussi en eux. Et il fallait que cela vécût, continuât, au-delà de cet horizon fermé où la mort les guettait sans trêve et les avait déjà peut-être — celui-ci, celui-là — désignés.

France, patrie, dignité de l'homme, c'était des mots qui ne leur venaient jamais aux lèvres. A quoi bon? Ils en savaient maintenant la réalité pathétique. Même les plus simples, les plus humbles, et peut-être ceux-là d'abord. Cela valait que l'on s'oubliât, homme perdu parmi des hommes, quand le danger vous avait choisi, quand la mort abattait ses coups. C'était là des pensées qu'ils n'auraient jamais osé formuler, mais elles étaient en eux au long des jours abominables, comme un viatique.

Il faut les plaindre et les aimer en souvenir de ce qu'ils ont consenti, hommes de Verdun restés pareils aux autres hommes en dépit d'un destin terrible, et à cause de cela si grands.

Maurice GENEVOIX, *de l'Académie française*

1. *Almanach du Combattant,* 1975, pages 5 à 7.

LE TROUBLE DES ESPRITS

... la fièvre de 1917 [1]

Mes camarades me pardonneront si ces pages se ressentent, dans l'incommodité où je les écris, de quelque fièvre et de quelque fatigue.

Je les trace allongé sur le dos, après un accident de la route qui me condamne, pour quelques mois, à une immobilité « plâtrée » : cela me rajeunit et me rappelle des souvenirs. Mais ce n'est pas de ceux-là qu'il s'agit.

Nous voici assez vieux pour savoir que nous ne changerons plus, que nous sommes incorrigibles, inguérissablement fidèles à notre passé, à nos camarades, à tous les jeunes vivants que nous avons vus mourir et dont l'absence, à nos côtés, nous a laissés plus mutilés que les blessures de notre chair.

Depuis trois ans, à quarante années d'intervalle, nous tenons à commémorer les étapes d'une guerre lointaine, qui fut la nôtre, à laquelle nous avons survécu, parce qu'il n'y a point de guerre qui n'oublie quelques survivants, témoins gênants, aussitôt suspects et délibérément incompris.

Tant pis, et qu'en prennent leur parti ceux qui ont eu la chance insigne d'ignorer de telles expériences. (Tel ce jeune journaliste, dont j'ai oublié le nom au moment même où je le lisais, et qu'une étrange phobie à l'égard des anciens combattants jette en des transes de convulsionnaire.) On leur demande seulement d'être discrets, de vouloir bien ne pas confondre avec des « buveurs de sang » des hommes qui ont versé le leur, et de tourner sept fois dans l'encrier leur plume de jeunes corniauds, trop enclins à confondre aussi le coup de gueule avec le courage. Ce serait s'offrir à bon compte un brevet de libre esprit, indépendant et généreux, s'il suffisait pour l'obtenir d'injurier des hommes dignes de respect, et qui n'ont provoqué personne.

Des buveurs de sang? Eux qui n'ont été soutenus que par l'espoir d'être les derniers sacrifiés! Qui ont voué leur sacrifice même à la mise au ban de toute guerre, à l'avènement d'un âge humain soucieux enfin de toute vie, non pour eux-mêmes, d'avance exclus, mais pour leurs cadets, leurs enfants, pour les autres, pour tous les autres! Pauvres censeurs, qui prétendent donner des leçons du haut d'une expérience qu'ils ont eu la chance d'ignorer à ceux-là mêmes qui ont si cruellement appris, au contact des réalités guerrières, la vanité des mots et des déclamations!

Car c'est peut-être là qu'est le vrai drame, et ainsi le fond du problème. Qu'il s'agisse de nations ou qu'il s'agisse d'individus, cette expérience n'est point communicable. L'intelligence rejoint ici la bêtise. Ni l'imagination, ni la chaleur de cœur n'y peuvent rien. C'est une affaire de physiologie. Jamais, et quelle qu'elle soit, la guerre ne ressemble à l'idée que d'avance on a pu se faire d'elle. Pire, il se peut, mais surtout différente, déconcertante dans ses coups, ses horreurs, ses rémissions absurdes et ses monstrueuses injustices.

On est toujours l'embusqué de quelqu'un. Et c'est toujours, à quelque échelon que l'on se place, de l'escouade à la nation, c'est toujours l'embusqué qui prononce et qui juge pour celui qui ne l'est pas. D'où les malentendus, les rancœurs, mais en outre — et de pires conséquences — les erreurs, les préjugés, les bêtises irréparables.

Je voudrais dire quelques souvenirs, en marge de la commémoration qui marquera, en 1957, le quatrième quarantenaire de la guerre que nous avons faite. 1914, 1915, 1916, 1917... D'abord la Marne, puis les sanglantes « offensives partielles », puis Verdun, puis... On pourrait évoquer la Somme, les batailles du Proche-Orient. Mais non, et ne nous leurrons pas. Ce qu'évoque 1917, c'est le souvenir entre tous douloureux des mutineries dans notre armée.

Je n'étais plus, alors, au front. Il m'est ainsi tout à fait impossible d'en parler comme il conviendrait, en témoin. Pas davantage en historien, car je reste ici trop partie. Les historiens ont fait leur besogne. Ils ont dit dans quels corps de troupe l'effervescence avait commencé, comment elle s'est manifestée, répandue, quelles ont été les réactions du commandement, les mesures qu'il a prises, comment les troubles ont pris fin. Ils ont cherché au-delà des faits, en psychologues, les causes proches et lointaines de nature à les expliquer : lassitude des troupes au combat; défaitisme de certains milieux, à l'arrière; faux espoirs éveillés par les tenants de la « paix à tout prix »; propagandes de trahison, etc.

Il y a du vrai dans tout cela, une part de vérité qui devait être recueillie. Mais il me semble que cette vérité même ne *sonne* pas juste; qu'elle participe de ce malentendu foncier que la guerre entraîne avec soi et qui, à quarante ans d'intervalle, autorise des foucades de plume si injustes et si révoltantes.

Car c'est là, je crois bien, entre les épreuves de tous ordres qui pesaient sur les épaules des combattants, une de celles dont ils souffraient le plus : cette incompréhension des autres, de tous ceux qui ne se battaient pas; et l'impuissance où ils étaient, eux, d'amener ces autres à comprendre, à sentir juste, à juger équitablement.

En ce temps-là, la consigne et le ton des journaux étaient, on s'en souvient, au dithyrambe, à l'hyperbole. Ils en riaient quelquefois entre eux, mais sans gaîté, avec l'amertume inséparable, chez tout homme, du sentiment d'être méconnu, et du même coup, et en dépit des effusions, profondément, irrémédiablement abandonné.

Le monde du front était un monde clos, séparé. A un point dont les combattants seuls ont pu sentir la douloureuse réalité. Ce n'était la faute de personne. Dès l'échelon de la brigade, le contact s'amenuisait, s'abolissait. Il y avait ainsi rupture entre les responsabilités du commandement et les possibilités de la troupe; entre les préoccupations, la mentalité, les conceptions des donneurs d'ordres et les ressources, physiques et morales, des hommes appelés à exécuter ces ordres. Ressources magnifiques en effet, mais autrement que ne l'imaginaient les états-majors, et que d'ailleurs ils ne pouvaient l'imaginer.

C'est de là que sont nées, certainement, les mutineries de 1917; comme un abcès qui mûrit sournoisement aux profondeurs d'un organisme, et brusquement l'empoisonne et l'enfièvre. Mais il n'est pas un combattant qui n'ait pensé alors, qu'il fût encore au feu ou rejeté par la bataille : « Ça devait arriver un jour. C'était forcé ».

J'ai parlé de « quelques souvenirs ». Souvenirs en marge, je le répète, mais qui rejoignent, je n'en doute pas, les souvenirs de nos camarades encore en ligne en 1917.

Souvenirs du front d'abord, plus précisément d'un secteur, l'un de ces secteurs circonscrits, que l'on se voyait attribuer comme par un tirage au sort. J'en sais un où mon régiment, après un hiver dans la boue, a connu deux mois de carnages à peu près ininterrompus; où le « tour » des relèves, impitoyablement, à des intervalles fatidiques, a ramené les mêmes hommes dans les mêmes tranchées bouleversées, refaites, redémolies encore, de relève en relève regorgeant de morts plus nombreux, tous connus, tous fraternels, peu à peu pourrissants sous nos yeux, à nos côtés, mais toujours reconnaissables. Et je retrouverais, sans contraindre beaucoup ma mémoire, le mouvement, l'accent, les termes mêmes des lettres que j'écrivais alors, m'indignant de cette « méconnaissance » dé l'homme aux prises avec les réalités du combat, qui conduisait le haut commandement à de pareilles aberrations.

C'était comme s'il eût retiré, à chaque vivant, sa dernière chance, prononcé un verdict de condamnation sans appel. A quoi bon ce sursaut d'espoir, cette ivresse de respirer encore qui saisissaient chaque survivant au sortir de chaque bataille, si c'était pour se voir ramené, à date fixe, inexorablement, vers la même boue, les mêmes cadavres, les mêmes batteries exactement pointées, réglées, le même massacre en quelque sorte familier, qui resserrait, précisait, multipliait et renouvelait ses coups de manière à n'épargner personne? A la longue, qui eût pu y tenir, réprimer jusqu'au bout en soi-même les sursauts de la bête vivante, et qui savait?

Il y avait aussi autre chose. Que les mutineries de 1917 aient pris naissance dans des unités d'infanterie, rien de plus prévisible et en même temps de plus révélateur. Lorsqu'ils descendaient des Éparges, mes hommes pouvaient voir, sous les hêtres de la forêt d'Amblonville, les hautes tentes de l'artillerie. Ils n'étaient pas jaloux, mais ils eussent volontiers changé. Et non moins volontiers avec leurs camarades des services de l'arrière : train de combat, ravitaillement, vaguemestres, brancardiers mêmes... « On est toujours l'embusqué de quelqu'un », si camarade qu'on soit à l'ordinaire. Ce n'est pas beau, ce n'est pas noble, c'est humain.

Je me rappelle, à une descente des lignes, la chaleur, l'amitié de l'accueil que nous firent ces camarades privilégiés; la joie qu'ils manifestaient à revoir les derniers rescapés. Nous étions fangeux, harassés; eux, bien rasés, vermeils, pimpants dans leurs capotes bleues. Et soudain l'un de nous, à pleines mains, ramassa de la boue au ruisseau, la leur lança, les en salit; sans hargne, sans colère, avec le sentiment que c'était mieux ainsi; qu'un excès d'injustice s'en trouvait, un tout petit peu, réparé.

Il suffisait de si peu de chose... Une blessure, par exemple. Grand blessé, évacué de l'hôpital de Verdun vers Bourges, je trouvai le moyen, pour quelques heures, de passer par mon bourg du Val de Loire, d'y aller embrasser mes proches. C'était à mon tour d'être propre, rasé de près. J'étais sur le pas de ma porte, causant avec un vieux voisin. Quel bonheur, quelle bonne conscience étaient les miens! Un permissionnaire passa, à bicyclette. Ne vit-il pas mon bras en écharpe? Il attendit d'être à vingt pas, lança alors, à mon intention, une bordée de sarcasmes grossiers, et força la vitesse pour tourner le coin de la rue.

Je me souviens aussi, en 1917, de ces permissionnaires dans les trains. De deux, entre autres, accompagnés d'un chien briard, aux longs poils, qu'ils avaient dû au préalable engluer dans quelque égout. Ils le promenaient sur le capiton des banquettes, l'obligeaient à s'y coucher; prêts déjà à sortir leurs couteaux pour lacérer le drap, le marquer d'un signe de leur refus, de leur révolte. Comment ne pas me souvenir alors de l'incident de l'arrière-front, de cette boue ramassée à pleines mains et jetée sur les capotes neuves?

Plus de quatre ans de la guerre la plus dure, et ce seul fléchissement momentané. Prononcer condamnation en bloc, c'est encore méconnaître l'homme. La sympathie, la compréhension, la pitié ont plus fait, même alors, que la répression disciplinaire. On se souvient des réflexions que prête Tolstoï au prince André lors des guerres napoléoniennes, mais qui sont en réalité les siennes, nourries de sa propre expérience. Des « qualités » qu'il réclame du chef de guerre, ou plutôt qu'il lui abandonne — en un bilan restrictif et terrible qui ne lui laisse que la dureté, la sécheresse de l'esprit et du cœur — il n'eût pu, après 1917, écarter l'humanité.

C'est l'enseignement de cette cruelle année : un passage d'ombre, où frémit une autre horreur, qui nous atteint et nous émeut au plus profond et qui nous laisse plus fraternels encore, plus indulgents, même à ceux qui n'ont pas compris.

Maurice GENEVOIX, *de l'Académie française*

---

1. *Almanach du Combattant*, 1957, pages 7 à 11.

LA VICTOIRE

Trois fantassins racontent comment ils vécurent la journée de la Victoire [1]

Un instant de l'histoire

Cinquante ans! Pour nous, jeunes hommes de 1914, si nous devions priser le poids humain de notre vie à la mesure de ces cinquante années, comment ne serions-nous pas tentés de conclure, amèrement, à la faillite de notre génération?

Peut-être le verdict du proche avenir tranchera-t-il, en ce qui nous concerne, dans ce sens. Vieillis maintenant, n'avons-nous pas eu à subir, de la part de nos fils mêmes (pas de tous, et heureusement), l'épreuve d'un jugement si sommaire, et si injuste? Car il se peut aussi qu'un avenir plus lointain, moins « engagé » dans nos épreuves, en appelle d'une telle condamnation.

Les historiens savent bien que les révolutions humaines sont lentes, et que les périodes mêmes où l'Histoire semble « s'accélérer » ne laissent pas de réclamer des délais considérables au regard de nos brèves existences individuelles. Les événements qu'elle retient, pour les fixer dans son « airain durable », ne prennent que peu à peu leur visage d'éternité. Plus que le jugement des contemporains, ce sont les événements ultérieurs qui les éclairent, les situent, leur prêtent leur signification profonde, leur stature définitive.

Avant de retrouver la pente de ces pensées sévères, je veux d'abord laisser parler mes souvenirs.

Lorsque sonnèrent les cloches de l'armistice, je n'étais plus parmi mes camarades du front. Grand blessé, mutilé, j'avais quitté depuis la veille, pour un congé de quelques jours, un Paris très anodinement bombardé, où j'avais continué de servir selon mes forces diminuées. Et je me trouvais ce jour-là, à cette heure-là, dans une campagne paisible, en une solitude absolue, au bord d'un fleuve glissant et pur : cette Loire dont j'avais tant rêvé au front, en des jours où j'avais accepté de ne plus jamais la revoir.

C'était une splendide journée d'arrière automne, doucement ensoleillée. L'air bleu, l'eau bleue caressaient la rousseur des feuillages et leurs reflets dans le courant. Quel calme! Quelle sérénité! Les vols de cloches planaient dans un immense silence, d'une limpidité divine.

Mon cœur d'homme et de soldat, gonflé d'émotions bouleversantes, n'en sentait que mieux cette paix, ce sourire de la saison, cette glissante splendeur éternelle. Les souvenirs montaient, affluaient. Je songeais au surgeon de vie qui bouillonnait dans nos veines, là-haut, chaque fois qu'au soir d'un combat nous nous laissions gagner par l'ivresse ardente de survivre. Cette fois, cette dernière fois, c'en était à jamais fini : le dernier « cessez le feu » avait vraiment sonné la fin de la dernière bataille. Désormais, les hommes de mon pays, — ni les autres, — n'épuiseraient plus trop vite, comme au fil d'un sursis précaire, la joie de se sentir vivants.

Je m'assis au pied d'un platane, au bord de l'eau. J'évoquai notre départ, cinquante-deux mois auparavant. Des cris? Des chants? Moins que ne le dit la légende. Quelques-uns, dans les gares citadines; par contagion, pour donner un moment le change à ceux qu'il fallait quitter, peut-être aussi un peu à soi-même. Les regards que nous échangions révélaient autre chose que l'enthousiasme ou l'excitation guerriers : une angoisse virilement réfrénée, en même temps qu'une résolution profonde, stable et dure.

Ces souffrances que nous appréhendions, ces horreurs, ces massacres, on sait que leur réalité dépassa d'assez loin ce que nous imaginions. Comment aurions-nous su, habitués que nous étions à la douceur, à la sécurité des gîtes humains, ce que représentent de souffrances deux nuits de septembre seulement, passées blottis dans un fossé, sous une pluie qui ne fait pas trêve? Un peu plus tard, le froid d'un hiver qui commence, sans vêtements chauds, sans couvertures? La boue gluante où l'on s'enlise, où des blessés perdus se noient, la gelure qui mortifie les pieds, la dysenterie qui épuise les forces? Car la guerre, c'était cela aussi. C'était encore, à travers tant de morts, l'espèce de rythme impitoyable qui ramenait périodiquement les mêmes hommes vers les mêmes champs de carnage, parmi les mêmes cadavres de camarades, d'une relève à une autre retrouvés, reconnus, comme pour rappeler aux derniers survivants qu'ils étaient des condamnés.

Nous nous sommes habitués à tout, armés contre les deuils, les révoltes. Il le fallait, sous peine d'une défaillance que nous nous étions interdite. Mais cette dureté n'était pas de nous. Nous la jugions, anxieux de rester des hommes, dans l'instant même où nous nous l'imposions. C'est pourquoi la résolution qui nous hantait dès notre départ trouvait son sens et son but à la fois. A tant de maux désormais connus, éprouvés, il fallait une raison qui justifiât leur cruauté, une contrepartie éclatante qui fût à la mesure de notre présente misère : nous étions voués à la paix, au rachat, à la sécurité des hommes qui viendraient après nous.

Quelle dérision, à la lumière de ce qui s'est passé depuis! C'est cela qui est ignominieux; pas notre sacrifice, mais le fait qu'il ait été à ce point inutile. Parmi les souvenirs qui me hantaient en ce jour de novembre, il y a de cela cinquante ans, j'en voudrais rapporter encore un. Non point parce qu'il m'est personnel, tout au contraire, parce qu'il est commun à des centaines de milliers de camarades.

Ainsi songeant devant le fleuve tranquille, je revivais un autre soir, où dans un bois des Hauts de Meuse, trois balles allemandes m'avaient jeté à terre. Il me semblait râler encore dans l'abri de rondins où mes hommes m'avaient transporté, surprendre encore, dans le flot de clarté qui coulait sur les marches de terre, les regards qu'ils échangeaient devant le sang qui giclait sans trêve d'une de mes artères rompue, bientôt devant la pâleur grise qui envahissait mon visage. Combien de fois moi-même, debout et plein de force devant un homme ainsi couché, épuisé par l'hémorragie, avais-je dû avoir dans les yeux cette espèce d'angoisse pitoyable, cette tendresse virile et désolée! Pour quelques balles qui m'avaient frappé, je l'avais soudain oublié. J'étais déjà au bord d'un autre monde. J'allais avoir à y mener un combat nouveau pour moi, où ces hommes restés debout ne pouvaient ni me suivre, ni m'aider.

Mais la conscience claire de ces choses ne devait me venir que plus tard. Ici encore, je reconnaissais chaque visage, le timbre de chacune de ces voix qui me parlaient, m'encourageaient. Quatre de mes soldats me portèrent jusqu'à un carrefour, allongé sur une toile de tente nouée à deux frustes baliveaux. Ils allaient à tout petits pas, attentifs à ne point me faire mal, sous la mitraille allemande qui continuait de faucher le sous-bois. Ce dévouement, ce courage-là, je les connaissais bien aussi. S'ils m'émouvaient maintenant aux larmes, ce n'était pas, je crois, par un réflexe d'égoïsme. Je ne pensais même pas que l'une de ces balles qui claquaient pût m'atteindre de nouveau. J'avais peur dans leurs corps indemnes, non dans le mien.

Un major inconnu me pansa au carrefour. Je ne revis plus mes soldats. Ce fut un brancardier divisionnaire, lui aussi inconnu de moi, qui, sur une poussette à deux roues, me transporta jusqu'à Rupt-en-Woëvre. Allongé au ras d'un carrelage, dans un pêle-mêle de jambes qui s'agitaient autour de moi, une aiguille me piqua, une autre encore. On accrocha une fiche à ma capote. Je sentis qu'on me soulevait, le bras, le flanc soudain broyés. La porte d'un fourgon-ambulance tourna sur le ciel du soir, claqua, nous mura dans la nuit.

Alors seulement, tandis que la voiture cahotait sur des routes défoncées, tandis que l'ombre autour de moi pantelait de plaintes et de cris, je me sentis réellement m'éloigner, quitter un monde pour un autre, perdre ces amitiés du front pour qui la mienne était perdue. Le dur voyage de l'ambulance, ses sursauts martyrisants, cela devenait comme une interminable errance sur le bord d'une étrange frontière. Je ne perdais point conscience; mais il me semblait, par instant, plonger doucement sous une sorte de frange, je ne sais quelle tiédeur étale au-dessous de laquelle s'abolissaient les cris, l'odeur de chair à vif et d'iode qui flottait dans les remous de l'ombre, les voix des convoyeurs qui bourdonnaient derrière ma tête, et jusqu'à ma souffrance même. Peu à peu, tout recommençait : j'émergeais, je me reprenais à flotter un peu au-dessus de la frange, entre tout ce que je sentais, percevais de nouveau avec une acuité nouvelle, et ces limbes, cet au-dessous solennel et doux.

Et ce double voyage n'en faisait plus qu'un seul, où la guerre et la vie, la boue que je laissais, les éclatements d'obus sur la colline des Éparges, les entonnoirs de mines aux parois jonchées de cadavres, le souvenir des morts fraternels et des vivants que j'abandonnais, se confondaient dans un même éloignement, me laissaient poursuivre ma route vers ce qui, malgré tout, allait peut-être devenir une vie d'homme.

Les cloches sonnaient toujours. J'étais au-delà de la tristesse. Tout ce qui nous avait « séparés », épaves du front qui n'avions pu rien oublier, — les gares, les sifflements des trains, les villes insoucieuses et leur contingent d'embusqués, de viveurs, les 800 000 Parisiens qui fuyaient en deux jours devant les « obus » d'une Bertha, la hargne contre l'arrière, son incompréhension, son cynisme, ses trafiquants, sa presse, cela aussi venait de finir. Ma mémoire, redevenue pure, du même coup cessait d'être injuste. Je sentais que dans son ensemble toute la Nation avait fait corps, n'avait jamais cessé de faire corps; que son âme collective, quatre ans auparavant, avait pris conscience d'elle-même dans un sentiment si exaltant, et qui l'avait soulevée si haut, qu'elle eût rougi de le renier. Elle avait continué d'en être soutenue, jusqu'au jour d'une victoire qu'elle avait bien méritée.

Hélas! Qui nous a écartés? Peut-être notre vocation même. Elle nous avait marqués, autant que nos blessures et nos mutilations. La guerre était finie. Le temps n'était plus aux guerriers. Utopistes déraisonnables, il leur convenait de laisser la place aux politiques avertis, aux réalistes, aux faiseurs d'Histoire patentés. La paix, les règlements, les traités à intervenir, dans leurs modalités délicates, n'étaient pas affaire d'illuminés. D'abord éparpillés, peu à peu détournés vers des associations de façade, nantis de fanions et d'insignes, par ailleurs meurtris, et las, pêle-mêle et inexpiablement décimés, dupes aussi de l'illusion trop généreuse que leur volonté profonde avait été enfin comprise, qu'elle était désormais partagée, ils ont été en fait trahis.

C'est le drame de notre temps. Tout a été réglé, mal réglé, par des hommes qui n'avaient pas *vécu* la guerre dans sa réalité terrible, par des hommes d'auparavant. Embarrassés de vieilles séquelles, obsédés de préjugés et de traditions révolus, ils ont agi en politiques, en marchands méfiants et retors. Quelques-uns pourtant, au fond d'eux-mêmes, ont senti que l'heure était neuve, que les réminiscences traditionnelles étaient sans doute dépassées. Ils n'ont pas su s'en affranchir. Tous ces négociateurs ont manqué d'inspiration.

C'est *leur* faute, pour avoir négligé de la chercher là où elle était, là où seulement elle pouvait être : chez les hommes qui s'étaient battus.

Pour nous, si nous pensons à ce 11 novembre comme à une chance qui fut gâchée, nous voulons repousser encore notre amertume et nos regrets. Notre souvenir même nous y aide : car ce fut un instant de l'Histoire où la présence de l'homme et le souci de son destin s'éclairèrent comme d'une montée d'aube.

Ce qui est arrivé depuis aura-t-il enfin dessillé les yeux qui veulent ne pas voir? Continuons de nous souvenir. Afin de retrouver, inséparables l'un de l'autre, le sentiment de fierté française qui nous rassembla ce jour-là, et l'espoir, la confiance en la vie dont les hommes n'ont pas moins besoin que d'air respirable et de pain.

Maurice GENEVOIX, *de l'Académie française*

---

1. *Almanach du Combattant*, 1969, pages 33 à 36.

LE SOUVENIR

Allocution prononcée par Maurice Genevoix,

Président-fondateur
du Comité National du Souvenir de Verdun,
le 13 juin 1976 à Douaumont

Monsieur le Président de la République,
Mes chers Camarades,
Mesdames, Messieurs,

Est-il vrai, comme l'a dit l'un de nous, que « celui qui n'a pas compris avec sa chair, celui-là ne peut en parler »? Est-il vrai en conséquence, que ni le calvaire d'une génération, ni les témoignages pathétiques et fidèles qu'elle a voulu en laisser n'aient été que vanité puisque, à vingt ans d'intervalle, une seconde guerre a déchiré le monde des hommes?
Nous l'avons cru, jusqu'à désespérer. Et voici que pourtant, contre l'événement même et son amère réalité, nous avons senti se ranimer au fond de nous une foi décidément invincible. Cette petite flamme Espérance dont a parlé Charles Péguy, ce sentiment de l'homme et des hommes qui rejoint notre ancienne confiance, celle même qui anima Péguy, tué en septembre 1914, et avec lui, par centaines de milliers, les jeunes tués durant cinquante mois sont tombés avec cette espérance au cœur : que leur dur sacrifice ait sauvé les vivants à venir, qu'ils aient été ainsi, et enfin, les soldats de la dernière guerre.
A Verdun, aujourd'hui, je voudrais dire pour nos camarades, et comme l'un d'eux, les raisons d'une fidélité que nous persistons à vouloir

transmettre, dans le dessein fervent qu'elle ne s'éteigne pas avec nous. Les Survivants ici assemblés, M. le Président, sont de vieux hommes, des octogénaires. Hugo l'a dit en connaissance de cause : « l'un des privilèges de la vieillesse, c'est d'avoir contre son âge propre, tous les âges ». Si cela vaut pour l'universalité des hommes comment cela ne vaudrait-il pas davantage pour ceux dont les jeunes années ont vu fondre sur leur enthousiasme, leur ardeur ou leur insouciance une épreuve hors de toute proportion avec l'expérience ordinaire? Et comment, de ce lourd privilège, ne devraient-ils pas compte, obstinément, à leurs semblables?

Qu'est-ce à dire? Au moins ceci : qu'en l'été de 1914, ils ont vu toute une civilisation, de proche en proche, basculer dans une nuit chaotique, où les valeurs d'hier leur parurent s'effondrer devant l'impitoyable nécessité de tuer, ou d'être tué. Cette mission terrible, ils ne l'avaient ni prévue, ni choisie. Mais ce sont eux, eux et non d'autres qui l'ont, jusqu'au bout, assumée. Et c'est pourquoi, à tout événement, les survivants de ces massacres ont gardé, en ce qui les concerne, bonne conscience.

Si je rappelle ici ces vérités, c'est qu'elles ont été oubliées, ou méconnues, ou passées sous silence. C'est à l'un de nous, encore, que j'emprunte cette image véridique, qui compare les combattants du front, — jetés qu'ils étaient hors du monde des hommes vivants dans une zone infernale où le froid, la boue, les saisons, le soleil ou la pluie, et les maisons des hommes, et l'air même qu'ils respiraient avaient pris une réalité autre, assurément très cruelle, — cette image véridique disais-je, qui compare les combattants « aux moines d'un couvent nomade dont la règle était de souffrir ». Ainsi, de coupe sombre en coupe sombre, leurs rangs s'étaient à ce point clairsemés qu'il ne leur était plus possible, entre leurs pères et leurs fils, d'assumer intégralement une relève qui attendait aussi, avec eux, les quinze cent mille jeunes Français qui ne reviendraient jamais.

Il est normal et il est bon que tout homme, au long de son existence, s'il se retourne et s'il regarde à ses côtés, y retrouve des visages familiers, se sente ainsi accompagné par la chaleur d'autres vivants. Nous autres, à trente ans, si nous nous retournions ainsi, nous ne voyions que des fantômes : mutilés dans notre chair, mutilés dans nos amitiés. De ces vides à nos côtés, comme du premier vide de notre première bataille, lorsque la première balle a frappé, dans la ligne continue de notre section d'assaut, notre premier compagnon tué, nous n'avons cessé d'avoir froid.

Ce sont ces hommes, M. le Président, qui vous accueillent à Verdun aujourd'hui, et qui vous remercient par ma voix. Deux fois survivants en quelque sorte, par la chance aveugle des combats et par la mansuétude du temps, ils veulent vous dire combien cette commémoration les touche et rejoint leur vœu le plus tenace; je le redis : leur espérance.

Soixante ans, selon qu'on l'envisage, c'est beaucoup, et c'est si peu... si peu au regard des témoins, qui retrouvent dans leur mémoire des souvenirs encore pantelants. Beaucoup, ou du moins assez pour que l'histoire puisse prendre et donner de l'événement une conscience équitable et sereine, qui l'éclaire dans sa vraie dimension et permette, s'il se peut, d'en retenir l'enseignement.

Au dire du chef qui les a commandés, le général Pétain, que je cite, les hommes qui ont lutté ici, « perdus de trou d'obus en trou d'obus, sans contact à droite et à gauche, sans liaison avec l'artillerie, sans tranchées pour s'abriter », sans recours que leur force d'âme, ont conscience aujourd'hui, à travers votre présence, d'un assentiment national : à leurs yeux, c'est un réconfort dont ils vous sont reconnaissants. Car il leur porte la certitude que leur calvaire et leur témoignage n'auront pas été inutiles.

Quel témoignage? D'abord, lié comme charnellement à la terre que foulent nos pas, la réalité du massacre. Ici, partout autour d'ici, du Mort-Homme à Douaumont comme des Éparges à Vauquois, des Hauts de Meuse à l'Argonne, durant d'interminables mois, le sang n'a cessé de couler. Je pourrais, aujourd'hui comme naguère, évoquer telle crête de colline ou sur un front d'un kilomètre, vingt mille hommes, Français et Allemands, ont rencontré la même mort : vingt cadavres au mètre courant. Et pour chacun de ces morts, pour chacune de ces agonies, un drame humain qui nous concerne tous, qui continue de nous concerner tous. Une seule nuit au flanc d'un entonnoir de mine, dans une boue sans fond, sous la pluie, dans le tonnerre des obus de rupture, tandis que gémissent et crient de grands blessés, nos camarades et nos semblables, et qu'ils supplient encore, et qu'ils appellent du fond de leur détresse des brancardiers qui ne viendront pas, alors qui n'eût compris, et qui ne se souviendrait? Mais cette fidèlité du souvenir allait s'accompagner pour nous d'un sentiment de l'homme insoupçonné, pathétique, exaltant et vrai; vrai au-delà de l'apparence, de l'illusion ou de la feinte, Car ici, devant la douleur et la mort, devant le courage ou la peur, on ne pouvait plus tricher. Nous le savons, pour avoir été des hommes vrais, solidaires, unis par les mêmes épreuves, la même passion subie en commun, et où chacun de nous ne surmontait la défaillance qu'au prix du courage de tous. Jamais hommes, vous le savez mes camarades, n'eurent autant besoin les uns des autres. Jamais hommes, les uns pour les autres, ne furent à ce point fraternels.

Puisse une telle certitude, nous survivant comme un dernier message, gagner le cœur de tous les hommes, ceux d'aujourd'hui, ceux de demain. Et puisse ainsi Verdun, symbole de guerre et d'héroïsme, Verdun qui à cause de cela nous reste cher comme une seconde patrie, puisse Verdun, pour les mêmes raisons, remettre en cause la notion même d'ennemi et nous rallier, désormais, durablement, comme le symbole qu'il a aussi mérité d'être : de la compréhension et de la paix entre les hommes.

Maurice GENEVOIX,
Secrétaire perpétuel honoraire de l'Académie française

VI

ADIEU A GENEVOIX

« Une épée vous le savez on la porte
deux fois. Une fois lors de la récep-
tion et une seconde fois sur le corbil-
lard. Peut-être ce jour-là la sentirai-je
à mon côté au moment de retrouver
ceux des Éparges, morts à 20 ou
25 ans, (pensez à l'énorme rabiot
dont nous avons tous joui) et qui me
diront : « C'est toi mon vieux Genevoix. Entre quand même, on te
reconnaît. »

Maurice Genevoix
Bulletin trimestriel des Revenants du
106ᵉ R. I.
oct. nov. déc. 1947

Nous l'aimions tel...
(Adieu à Maurice Genevoix)

Un homme dont on fut l'admirateur et dont chaque signe était lumière, lorsqu'il nous quitte il semble qu'à l'instant où sa disparition nous frappe, son visage au fond de nous éveille un étrange tourment. Cet ami qui s'en va d'un départ sans retour, l'avons-nous assez aimé? Lui avons-nous assez dit, fait comprendre combien il était indispensable à notre propre force nous qui puisions sans cesse en lui car il donnait sans compter? Lui avons-nous assez dit combien ses livres nous aidaient à parcourir notre propre vie qu'il débarrassait ainsi de bien des épines? Nous nous étions habitués à le savoir présent, si disponible et si chaleureux, et il n'est pas jusqu'à sa parole teintée d'une gouaille ironique qui ne résonne encore en nous. La mort est passée. A cette absence aussi il va falloir s'habituer. Combien sommes-nous à nous savoir maintenant un peu plus seuls et davantage inquiets? Anciens des combats d'août 1914 et des Hauts de Meuse; admirateurs et lecteurs fidèles inconnus; amis innombrables qu'une musique jaillie des pages de *Raboliot* avait charmés et rafraîchis comme une source coule sous les mousses des grands bois où s'effarouche la *Dernière Harde*, amis, frères dans la secrète perception des vibrations de la nature, frères aussi nombreux que les troncs des hautes futaies où *Beau François* et *Belle Humeur* marchent à grandes enjambées en riant aux éclats comme savait rire Genevoix leur maître, leur père, leur créateur dans l'ordre de l'imaginaire vécu. Combien sommes-nous atteints cruellement et — sans vouloir l'avouer — combien sommes-nous qui cherchons désespérément au plus profond de nous-mêmes ce pauvre rien à lui offrir, à lui qui nous a tant donné de la clarté de son talent de sa générosité et de son intelligence. Genevoix nous a quittés et le silence tout à coup est devenu insupportable et le soleil est moins chaud dans ce ciel de septembre dont il connut les affreuses splendeurs dans le rougeoiement de l'incendie de l'église de Rembercourt-aux-Pots un soir, aux combats de La Vaux-Marie. Le 8 septembre 1914 le sous-lieutenant Genevoix prenait connaissance de la guerre; le 8 septembre 1980, le témoin Genevoix — le labeur achevé avec cette haute conscience qui marquait chacun de ses ouvrages — partait discrètement, outils déposés sur un établi en ordre. Entre ces deux dates une longue existence consacrée aux hommes. Toute une vie de fraternité, de chaleur humaine, de création. On dira par ailleurs la qualité de l'écrivain, la nette précision de son style où l'émotion vibre à chaque phrase, on dira sa pudeur et son effort régulier et enrichissant qui font de son œuvre un vaste ensemble cohérent dont le piédestal est cet irremplaçable *Ceux de 14* — assurément un chef-d'œuvre — et de son auteur un homme toujours étonnant. Chaque ouvrage était une source nouvelle, une ouverture neuve sur le monde. Un demi siècle avant la mode de l'écologie il avait crié gare et montré que l'animal et l'arbre accompagnent et complètent la qualité de vie de l'homme; un demi siècle avant Hiroshima et les sombres bagnes des temps modernes il avait dit quelle barbarie est la destruction des hommes et combien la souffrance infligée est le scandale absolu.

Surtout il fut extraordinairement attentif aux autres; il n'avait jamais fini de souffrir de la mort des innocents, de ceux qu'il avait laissés dans la forêt de Calonne et aux Éparges : « On vous a tués et c'est le plus grand des crimes. » Cet écrivain blessé dans sa chair a redonné vie pour l'éternité aux visages suppliciés et pâlis de ces morts trop jeunes qui risquaient de disparaître à jamais à la surface de nos mémoires infidèles. Et puis, avec sa discrétion habituelle, il est parti rejoindre Porchon, Butrel, Lardin, Laviolette et tous les autres, et les classes 11, les classes 12 et les petits de la classe 15 broyés dans les entonnoirs boueux des Éparges. Il les a tous rejoints maintenant ceux de la 5e compagnie, et ceux de sa chère 7e; cette certitude-là nous console un peu. Si peu...
Nous l'avons connu comme cela. Il était tel pour nous. Tel nous l'aimions.

G.C.
8 septembre 1980

Une de ses dernières photographies. Prise le lundi 16 juin 1980 par Benoît Peyrefitte. Maurice Genevoix l'avait confiée lui-même au Comité National du Souvenir de Verdun.

Les Éparges. Février 1915.

« Pitié pour nos soldats qui sont morts! Pitié pour nous vivants qui étions auprès d'eux, pour nous qui nous battrons demain, nous qui mourrons, qui souffrirons dans nos chairs mutilées! Pour nous forçats de la guerre qui n'avions pas voulu cela, pour nous qui étions des hommes et qui désespérons de jamais le redevenir. »

Maurice Genevoix

(Ceux de 14, p. 462)

(Cliché Mémorial de Verdun)

TABLE DES MATIÈRES